阅读伴我行

李雪涛　主编
刘颖　执行主编

人民东方出版传媒
People's Oriental Publishing & Media
東方出版社
The Oriental Press

图书在版编目（CIP）数据

阅读伴我行 / 李雪涛主编. —北京：东方出版社，2022.4
ISBN 978-7-5207-2692-4

Ⅰ.①阅… Ⅱ.①李… Ⅲ.①阅读课 - 中学 - 教学参考资料
Ⅳ.①G634.333

中国版本图书馆CIP数据核字（2022）第038923号

阅读伴我行
（YUEDU BANWOXING）

主　　编：李雪涛
执行主编：刘　颖
责任编辑：杭　超
出　　版：东方出版社
发　　行：人民东方出版传媒有限公司
地　　址：北京市西城区北三环中路6号
邮政编码：100120
印　　刷：北京汇林印务有限公司
版　　次：2022年4月第1版
印　　次：2022年4月北京第1次印刷
开　　本：710毫米×1000毫米 1/16
印　　张：18.25
字　　数：243千字
书　　号：ISBN 978-7-5207-2692-4
定　　价：69.80元
发行电话：（010）85924663 85924644 85924641

前言

当今社会，阅读成为个体终身学习的有效途径和必备技能。学生将随时面临着阅读对象的选择和阅读信息的处理问题，而这阅读能力也将直接影响个体的终身发展。以往的阅读理论和实践都是基于语文、英语学科的教学，但是在学生的阅读实践活动中，阅读是跨越语文学科的，对于数学、物理、道德与法治、地理、历史、科学、音乐、美术等学科的学习也需要学生们具备阅读能力。所以在培养学生知识结构的背景下，我们必须从只关注单独一门学科阅读的狭隘观念中跳出来，形成全学科阅读的意识，开创综合立体的阅读模式。

北京市昌平区第五学校结合学生的发展需求，组织开展了全学科阅读活动。教师们针对学科特点进行了课堂阅读实验研究。通过目标设置、教学环境创设、阅读模式创新、教学案例研究等方式，针对学科课程的知识点选择相关的阅读研究内容，组织开展适合学生的全学科阅读活动。此外，学科之间还进行了有机的整合，以促进学生的自主发展，从而提升学生的全面素养。

北京市昌平区第五学校教师在全学科阅读研究活动中，积累了丰富的经验和成果：一是以课程与教学为重点领域，推动育人方式改革；二是以学科阅读为着力点，促进教与学方式变革，改变学生的学习生态；三是建立校共研机制，促进学科阅读由自发探索走向自觉研究。本书就是教师研究的成果之一。

本书收录了各学科一线教师在全学科阅读活动中的丰硕成果，一线教师通过全学科阅读活动，摸索出了适合学校各年级、各年龄段学生的课内课外教学方法，丰富了教学内容，拓展了学生的学习思路，开拓了学生的眼界，将内容精心汇总编辑成册，将经验形成文字，给师生创造了更好的阅读条件。

没有阅读就没有教育，引领学生阅读既是教育的重要任务，也是落实立德树人的有效途径。希望我们的探索实践能给全学科阅读带来一些启示。

编者

2022 年 3 月

目录

语文篇

书香滋养童年　阅读丰富人生 / 齐晓晨　003
全学科阅读助学生快乐学习 / 张　然　008
“双减”背景下提升小学生语文阅读素养的方法 / 刘丽娜　013
全科阅读背景下提升小学语文教师阅读教学能力的思考 / 崔伶伶　018
低年级学生课外阅读兴趣的培养 / 赵德凤　023
小学语文阅读教学中审美情趣的培养 / 于红霞　028
如何在师生互动中增强小学语文全学科阅读水平 / 霍思文　034
多措并举，推动整本书阅读 / 李秀娟　039
小学低年级阅读教学的实施策略 / 肖俊影　044
注重文本，提高学生的阅读能力——语文阅读教学的研究 / 戴　甄　051
读写结合——提高学生写作水平的有效策略 / 李雪花　060
语文名著阅读指导实施过程的研究 / 陶亚静　065
初中语文情境阅读教学策略研究 / 韩秋艳　069
在语文全学科阅读中渗透美育教学 / 葛欣慧　076
激活名著阅读　润泽学生心灵——初中语文名著导读教学策略研究 / 刘亚静　081

初中语文开展主题式教学实践探究 / 刘　颖 086
语文课外阅读指导的探索与研究 / 马建梅 089
如何指导学生进行课外阅读 / 陈艳丽 096
我是这样让学生爱上阅读的 / 赵新兵 099
“闲书”不闲 / 李　梓 103

数学篇

感受数学之美　提升核心素养——谈全学科阅读教学 / 魏建祺 109
全学科阅读视角下的数学课堂优化研究 / 刘　兵 113
小学数学教学中开展全学科阅读的途径 / 冉国明 118
提高数学阅读能力，促进学生核心素养的发展 / 刘　畅 121
中学数学阅读的几点思考 / 李　颖 126
注重阅读，关注学生数学能力培养 / 山建林 131
利用“阅读式导入”激发初中生学习数学的兴趣 / 王　宁 136
提高初中生几何阅读能力的策略 / 王　宁 143
培养数学阅读能力，提高数学教学成效 / 孙凤敏 150
培养数学阅读能力——为学生架一座数学认知的桥 / 张　蕾 155
整体把握学生学情　促进学生数学思考 / 徐　近 163
让数学阅读走进学生心中 / 李海龙 169

英语篇

依托英语绘本故事培养学生的阅读素养 / 徐晓雪 175
基于阅读素养，在英语绘本教学中培养学生的多维度参与 / 李红红 180
教材与分级读物整合设计问题链的教学策略分析 / 张　研 184

初中英语阅读课微合作模式下的提问设置实践研究 / 李丽娟 190
初中英语课外阅读的教学设计 / 刘亚萍 197
优化英语阅读教学　促进学生思维发展 / 王　军 204
英语教学中培养学生创新意识的几点尝试 / 张红梅 209

综合篇

物理学习中的阅读 / 佟雪艳 217
化学科普阅读见解 / 张宇明 221
放错地方的资源——提高学生的阅读能力 / 王海燕 226
初中地理图像读图的基本方法 / 池　娟 231
多元优化体育阅读教学　助力学生发展阅读思维 / 王凤虎 238
体育室内课教学与阅读紧密结合的研究 / 张印奇 243
乘借 2022 年冬季奥运会，促进体育学科全学科阅读 / 徐　娟 247
全学科阅读下的音乐教学 / 胡　森 251
借助网络学习改变学生的学习方式——提升阅读及搜集信息能力 / 王浩英 255
信息技术学科培养初中生的课外阅读能力 / 徐　怡 260
浅谈阅读对审美能力的提升 / 张晓琳 266
加强科普阅读指导　提升学生的科学素养 / 阚　瑞 270
阅读才是最好的“补课” / 憨盛楠　王玉梅　张海燕 276

语文篇

书香滋养童年　阅读丰富人生

■ 齐晓晨

青少年阅读是全民阅读工作中的重要组成部分，是全民阅读的“最先一公里”。伟大的教育家孔子曾说过：“少成若天性，习惯如自然。”培养儿童的阅读习惯可以使这些新时代少年具有传统文化气质，为其终身发展奠基。

阅读应该面向全学科。传统的课程观把阅读训练当作语言学科的任务。当前的社会是信息爆炸的社会，仅具有语文阅读能力的人是难以获取全面的信息的，在与人交流方面也较为困难。现在及未来对阅读能力的要求不再是语文阅读能力，而是综合性的阅读能力。因此，为了适应现代社会对阅读能力的要求，探索学科阅读的方法和途径就显得尤为重要。各个学科阅读的意义在于各学科的符号阅读。自新课改持续深入推进以来，“去学科特点”的课堂教学倾向逐渐流行起来，但是各个学科的符号特征正是其学科存在的生命所在。所以，不能因所谓的综合性就认为学科性的基础知识不重要了。

阅读的内容主要包括绘本阅读、古诗文阅读、名著阅读、时文阅读、数学阅读、外语阅读、科学阅读、美术作品阅读、音乐作品阅读等。

一、绘本阅读

阅读起始阶段，多是以绘本开始的。由于刚入学的低年级学生识字量较少，而绘本图书图画多、文字少，图画色彩鲜艳，人物造型精美，故事趣味性强，有利于以形象思维为主的小学低年级学生理解。同时，绘本中的图画具有表意的功能，绘本本身就是一个故事叙述的工具，因此，儿童可以根据画面上的形象或场景，联系所听到的文字，把零零碎碎的语言和看到的形象或场景联系起来，形成一个完整的、有意义的奇妙世界。绘本阅读的经历对儿童理解力和想象力的获得以及语言的发展具有极大的推动作用。

二、古诗文阅读

中华文化博大精深，很大一部分就体现在古诗文上。“儿童是天然的诗人。”小学生天性率真而又富有想象力，他们更容易进入诗的世界。同时，儿童时期是人的记忆的黄金时期，有个成语叫“幼学如漆”，就是说的这一现象，即儿童时期习得的知识如漆附木般牢固。这并不是要求儿童不求甚解地大量背诵古诗文。实际上，死记硬背不利于儿童消化吸收这些“珍馐美味”，不利于儿童阅读能力的培养，忽视了古诗文的内在魅力。全语言带来的多样化的体验活动，能够调动学生的感知，使其情景交融，便于理解，从而能够发展学生诵读古诗文的能力，从根本上提高学生的阅读能力和基本素养。

三、名著阅读

名著是各个历史时期各国伟大的作家创作的著名作品。它绘制了多彩的社会历史画卷，书写了百样的人生场景，我们可能无法让历史倒转，无法体验别人的不同人生，但是名著阅读给了我们实现梦想的可能性。名著体现的崇高的精神品质，能给人类战胜困难的勇气，比如《老人与海》。名著可以让我们学会珍惜当下，远离虚无，比如《假如给我三天光明》。名著教育我们要学会自强、自立，比如《简·爱》。中国的四大名著不只是文学作品，而是涵盖了政治经济学、地方风土人情、自然科学的百科全书。通过对这些中外名著的阅读，人类的文明才得以薪火相传。从这方面看，教育的途径之一是阅读名著。

四、时文阅读

小学生在进行经典名著阅读的同时，有必要进行一定量的时文阅读。所谓时文阅读是指阅读那些富有时代气息、能体现时代特点的文章。阅读要坚持与时俱进。时文阅读就是坚持阅读与时俱进的材料。时文阅读能帮助小学生了解当今社会多方面的发展变化情况，以拓宽小学生的知识面。阅读实践中的厚古薄今，重经典阅读，轻时文阅读，越来越显示出其弊端。尽管经典是历史文化的积淀和根基，应给予足够的重视，但是现在小学生毕竟生活在当下，如果不能把握当下，那又怎么能面向未来呢？

五、数学阅读

数学学科被称为“科学的皇后”。如果没有良好的数学阅读能力做保障，就很难读懂数学语言。小学数学学科是小学阶段最基础的学科之一，其重要性不言而喻。数学阅读能力是指对数学教科书以及与数学相关的阅读材料的理解能力，是学好数学的基本能力之一。小学数学阅读是学生根据已有的知识经验，通过阅读数学类的相关资料，理解数学语言，建构数学方法的学习行为活动，同时也是学生获取知识、发展数学思维、学习数学语言知识的方式。小学数学阅读主要包括引言和概念的阅读、定理的阅读、公式的阅读以及例题的阅读等。通过上述几个方面的阅读，学生能理解概念中的字、词、句，进一步挖掘数学概念的内涵和外延；弄清楚公式的来龙去脉，从而在实践的过程中找到最便捷的解题方法。数学阅读的实质就是要求学生在理解和运用概念、定理和公式的同时，学会分析与表达，做到文字语言、符号语言、图形语言的自由转换，形成数、形、意三者相结合的数学思维，为下一步正确的解题打下基础。对于小学生而言，大量有效的数学阅读能够提高学生的思维表达能力，这对于其数学知识的分析和理解能力的提高大有裨益，同时可以促进学生探究能力、自学能力和数学逻辑思维能力的进一步提高。

六、外语阅读

当今社会，英语作为国际通用语言之一，越来越显示出其国际通行证的作用和影响力。在小学阶段可以运用自然拼读法，指导学生阅读与学习水平相适应的英文绘本或者文学原著。阅读这些原汁原味的作品，可以避免因译者的有限水平所造成的纰漏，让学生直接享受外语阅读的乐趣，尽享原作者所表达的真实思想。

七、科学阅读

科学阅读指的是阅读蕴含科学知识的文本，包括科学课本、科普读物、科技新闻、科学史实等使学习者获取并掌握科学知识，达到拓展科学视野、建构科学理念目的的阅读。小学阶段进行科学阅读不仅能丰富小学生的科普知识储备，还可以培养他们的科学兴趣和科学研究的能力。比较适合小学生阅读的书籍有《十万个为什么》《昆虫记》《动物百科》等。

齐晓晨给学生们展示科学教具

八、美术作品阅读

美术作品是画家或者美术创作者内心所思所想的一种艺术化表达。欣赏者通过视觉来阅读，具有一定美术作品赏鉴能力的读者能够读懂作品的含义。在小学美术教学中，学生通过欣赏和叙述美术作品，逐渐形成审美情趣，提高美术鉴赏能力，并且能运用自己的语言和文字表达其对大自然和美术作品等事物的认识和理解，这就是美术作品阅读的内涵所在。

九、音乐作品阅读

《乐记》有云：“凡音之起由人心生也，人之心动，心使然也。”说的是音乐发自人的心灵。它是情感的艺术，语言和音乐关系密切。它的诞生往往是为了表达某些话语。就像钟子期和俞伯牙一样，乐曲中读出了“高山流水”，俩人也成了知音。小学生在欣赏完乐曲后，不仅能读懂不同的故事，也在一定程度上发展了他们的阅读能力。

著名作家余秋雨曾说过：“阅读的最大理由是想摆脱平庸，早一天就多一份人生的精彩，迟一天就多一天平庸的困扰。”小学阶段是培养学生学习能力和学习习惯的重要阶段，因此必须要重视和关注对学生阅读能力的培养。教师可以适当为学生提供有质量的阅读材料，让学生在阅读中汲取知识、体会情感，并学会观察和思考，有效提高学生的综合素质。学生们必须在阅读过程中不断提高自身的阅读理解能力，养成自主阅读、自主学习的好习惯，学会提出问题、思考问题和解决问题，从而提高自身的综合学习能力。

全学科阅读助学生快乐学习

■ 张　然

《义务教育语文课程标准》中明确指出：“要重视培养学生广泛的阅读兴趣，扩大阅读面，增加阅读量，提高阅读品味。”全学科阅读将学生阅读素养的培养置于多学科体系中，以学科知识为原点，以特定学段学科知识框架为半径拓展阅读内容，既提高了学科学习的自主性，促进了学生核心素养的形成，又以培养学生的阅读习惯和阅读能力为切入点，使学生具备成为终身阅读者必需的阅读素养。

古人有云：“读万卷书，行万里路。”对现在的小学生来说，应该从低年级开始培养他们的课内外阅读兴趣，从而让阅读点亮他们的童年。作为语文教师，我们要采用多种阅读策略进行语文阅读课的教学，充分激发学生们的阅读兴趣，培养其良好的阅读习惯。

一、结合课内教材，拓展阅读资源

传统的教学主要是按照教学大纲的要求照本宣科，而新的课程标准中明确提出了建立三维目标的课堂组织新模式。教师既要教书面知识，又要教学习的方法。在学好课内知识的基础上，我们要充分利用课外学习资源，举一反三，使课内外阅读资源相互融合、相互促进，从而提高学生的语文核心素养。例如，一年级上册的课文《秋天》是学生学习的第一篇课文，围绕“秋天”这一主题，我们可以让学生在读、背的基础上说一说自己眼中的秋天，到大自然中寻找秋天的足迹，画一画秋天的景物或制作漂亮的树叶画，使学生感受到秋天的美好，激发学生们对秋天的热爱。这样创造性地使用教材，既拓展了课文资源，有效地拓宽了学生的学习空间，又给学生提供了更多的语文实践机会，促进了学生语文核心素养的协调发展和整体推进。

二、创设阅读情境，激发阅读兴趣

文章的标题就是一篇文章的眼睛。有的老师会让学生思考标题中的关键词语，以此激发学生对文章的思考与想象，以问题为引领将学生带入悬念中去，激发其阅读兴趣；而有的老师会从生活经验出发来创设生活情境，使学生走进阅读的环境中。

在低年级阅读课的教学设计中，语文教师要能够紧扣阅读教学目标，依据学生的年龄与心理特点，利用现代化的教学手段进行导学案的预设。在阅读课堂的目标预设中，要能以营造良好的阅读氛围为抓手，提升学生的阅读兴趣，让学生想阅读、会阅读。

比如，在学习《江南》一诗时，教师利用多媒体课件播放与诗中意境相符的画面：江南的荷塘；成片成片的碧绿荷叶荡漾在水中，在朝阳的照射下郁郁葱葱，荷叶上滚动着晶莹的露珠，一朵朵荷花从荷叶里冒出来，有粉红的，有白色的；一群群可爱的小鱼儿在荷叶间自由自在地游来游去。学生们看到这样的画面时会不由自主地想象自己走进了江南水乡并产生了遐思，从而能在学习中读出诗的意境来。

三、重视阅读方法，丰富阅读体验

好的阅读方法，会事半功倍。注重引导学生掌握阅读技巧，对于提高阅读效率，培养他们专心致志、顽强学习的心理品质以及形成良好的语文阅读习惯，具有十分重要的作用。

张然

比如二年级下册的“快乐读书吧”，按照二年级教材提出的具体要求，紧紧围绕“目录”这一重要内容对学生进行了详细的讲解——目录里的信息包括“目录是书的指路牌、目录中的空白处、目录中字的大小、秘密了解故事的长短”四个内容，从而引导学生了解目录在书中的作用。在此基础上结合《神笔马良》这个故事，运用“图文对照、发现时间绳、动画片和文字的对比”这三个方法对学生进行阅读指导，促使学生在阅读中思考：（1）为什么要读这个故事？带领学生了解笔的神奇、故事的神奇、作者的神奇。（2）怎样读这个故事？围绕看封面、看目录、看人物，来引导学生时刻思考。（3）能从这个故事中学到什么？从“学学马良，学会讲故事，学会说话”三个方面，有层次地展开教学，让学生在读书中思考，在读书中创造，进一步谈谈对马良的印象和对作者寄语的认知，帮助二年级学生深化对这个故事的了解。

四、开展合作阅读，培养学科创新

《义务教育语文课程标准》指出：“语文课程必须根据学生身心发展和

语文学习的特点，爱护学生的好奇心、求知欲……充分激发他们的问题意识和进取精神，关注个体差异和不同的学习需求，积极倡导自主、合作、探究的学习方式。”自主、合作、探究的学习方式是就学生学习的全过程而言的。在学生自主学习的前提下，为学生创设合作阅读的环境最为关键。通过合作交流，一起探究，达到阅读的目的。在自主合作探究的学习过程中，培养学生独立思考的能力，使其形成独特的感受与体验，从而能够更好地走进作者的情感中。

开展全学科阅读自主探究式合作学习，要有利于学生的思维发展，充分激发学生对各学科的阅读兴趣尤为重要。这就要求我们努力为学生创设合作探究的阅读环境，精心设计阅读活动的流程，建造合作探究的天地。培养学生在已有知识的基础上，开展探究式阅读活动，充分发挥学生学习的主体性，挖掘他们的学习潜能，使学生在全学科阅读中全面发展。

例如，在二年级下册“快乐读书吧”阅读课中，要做好推荐阅读书目的介绍，激发学生的阅读兴趣。指导学生制作阅读思维导图，把自己的阅读收获记录梳理出来，使学生初步学习了解如何做读书笔记。针对这堂课的教学，可让学生自主选择最感兴趣的故事先进行阅读并认真完成思维导图。选择与其阅读同一个故事的学生组成一个小组，制订阅读计划，并在阅读中让他们进行交流和分享。在全班读书交流活动课中，以小组为单位展示组员制作的阅读思维导图，和大家交流分享阅读的故事和阅读成果，最后评出最佳阅读小组、最佳读书小能手、最佳思维导图创意奖，以激发学生阅读创造的欲望。思维导图的展示，也是同学之间互相学习、取长补短的环节，能帮助学生更好地阅读，从而有效地提升了下一次交流活动的效果。

低年级学生的全学科阅读活动，是充满童真、带有挑战性与创造性的活动，语文教师要具备专业的人文素养和与时俱进的创新精神。低年级的阅读活动，不仅可以帮助学生感受生活，形成健全的人格、丰富情感世界、陶冶高尚情操，对于增强学生适应社会的能力以及培养他们多元开放的文化等也都具有不可替代的作用。

全学科阅读活动的开展，不仅促进了各学科知识点的融会贯通、课内外知识的科学普及、学科间的融入整合，还促进了学生的自主发展，提升了学生的语文核心素养。

“双减”背景下提升小学生语文阅读素养的方法

■ 刘丽娜

“双减”政策，一方面是为减轻学生的作业负担，另一方面是为压减学科类校外培训机构的数量。它的意义在于：提高教学质量，落实立德树人的基本任务；有效减轻学生的学业负担，提高学生的学习兴趣，使学生全面发展。《义务教育语文课程标准》明确指出：“九年义务教育阶段的语文课程，必须面向全体学生，使学生获得基本的语文素养。”小学语文作为基础学科，主要从语文知识、语言积累、言语技能三个方面来培养学生的语文素养。而阅读教学，能够在很大程度上助推学生语文核心素养的形成。教师应在自己的教学实践和反思中总结出切实有效的方法，根据不同学生的发展需求，丰富学生的语文核心素养。

一、学会积累

语言的学习离不开阅读、积累和运用。语文阅读教学，担负着积累语言的重任，主要包括语言材料、语言规律、语言典范的积累。重视积累，对提高学生的阅读能力、促进学生的全面发展有着极其深远的意义。

（一）积累语言，读是根本

朗读，既是基本的语文教学方法，也是语言积累的重要途径。教学应以读为本，在读中理解感悟，在读中丰富积累。如《秋天的雨》这种抒情意味很浓的散文，作者抓住秋天的特点，生动地描写秋天的美好，并且使用了多种修辞手法，将秋雨人格化，把秋雨比喻成生活中常见的事物。要让学生反复诵读，用自己喜欢的方式去读，选择自己喜欢的段落去读，尊重学生在阅读中独特的情感体验，在读中积累语言。有的学生喜欢颜料，学会了“五彩缤纷”一词；有的学生喜欢菊花，掌握了“紫红的、淡黄的、雪白的……”描写颜色的词；还有的学生能够把“你看，它把黄色给了银杏树，黄黄的叶子像一把把小扇子，扇哪扇哪，扇走了夏天的炎热”“橘子、柿子你挤我碰，争着要人们去摘呢”这些比喻句、拟人句记住。这就是积累语言的一个过程。

（二）背诵内化，积淀语感

背诵是学生语言内化、强化的重要过程，通过熟读背诵，可以积淀语感，全方位地积累语言。《义务教育语文课程标准》要求学生背诵古今优秀诗文，包括中国古代、现当代和外国优秀诗文。整个小学阶段要求背诵 160 篇（段）。另外，在每一册教材中还有要求背诵的一些文章或段落。可见，背诵的重要性。然而，如何才能有效地落实背诵，达到积累量呢？自然是要在每一节课中落实，特别是阅读教学。让背诵成为课堂中必不可少的重要环节，让学生在背诵中丰富语言、积淀语感。如唐代诗人贺知章的《咏柳》，运用比喻和巧妙的想象，将对柳树的赞美，引向对春天的赞美。在教学中，要引导学生通过多种形式反复诵读，达到背诵的目的，从而积累语言。在拓展延伸环节，引导学生想象：“在作者眼里，春风是一把剪刀，剪出了细细的柳叶。那么，在你眼里，春风又是什么呢？”学生们兴致盎然，创意无限。有人说：“二月春风像画家，她把绿色给了小草和树木，将更多的颜色给了花朵，红的、黄的、紫的……”这位同学的话刚停，立刻有学生补充说：“就像学过的《秋天的雨》一文似的，春风有一盒五彩缤纷的颜料。”正因为学生在之前的学习中积累了一定量的精妙语言，且将语言文字的规律、含义等在头脑中联系起来，他们对语言的运用才更加得心应手，从而增强了表达能力。由此可见，背诵内化的确是促使学生形成良好语感的有效途径。

目前，虽然我们的课程改革正在逐步深入，教学方法也在不断改进，但我们总感觉学生的语文素养下降了。其实，就是因为学生的语言积累减少了。当学生的语言积累丰富了，语言感悟能力提高了，其语文核心素养自然也就提升了。

二、兴趣培养

在语文教学中，阅读教学是重头戏。学生提高语文方面的能力，除了生活中的体验，更多的则源于阅读。因为阅读不仅能获取有用的信息和丰富的知识，还能汲取精神养料，提高人的整体素质。众所周知，“授人以鱼，不如授之以渔”。那么，如何才能实实在在地帮助学生学会阅读呢？

（一）激发兴趣，爱上阅读

孔子说：“知之者不如好之者；好之者不如乐之者。”因此，教师在课堂教学中应激发学生的兴趣，让学生爱读、乐读。如教学《花的勇气》时，先通过媒体展示一些花儿的图片，引导学生质疑文章标题：“如此娇美的花儿，有何勇气呢？”从而使他们跟随作家的脚步，去文中探寻。在理解文本时，抓住作者心情变化这条线索，让学生在多种形式的朗读中，体会作者心情的“一波三折”，感悟“生命的意味是勇气”。并可进行拓展：“你还从哪些事物中感悟到了勇气？”从而引导学生进行“生命”主题的课外阅读。教学之初，让学生质疑，使其带着好奇心进入文本，既激发了学生阅读的兴趣，又从课内延伸到课外，让学生主动阅读，拓宽阅读视野，提升语文素养。

（二）点亮思维，丰富理解

教学的精彩之处在于点亮学生的思维。在教学《“精彩极了”和“糟糕透了”》一课时，通过品读课文，来分析父亲和母亲对巴迪的诗的不同看法，并创设情境，让学生抓住语言、动作等描写来探究人物的内心，从而让他们明白文中的爱有两种表现形式。结合生活中的孩子越来越不懂得父母的爱，围绕“你是如何看待巴迪父母对他的爱的？”这一话题展开辩论，让学生敢于提出看法，作出判断，自由表达心中所想。此时的他们，融入自己平时对爱的感悟和理解，思维情感在课堂中交互流淌。说得有情有理、个性飞扬的同时，更体验到表达的快乐、学习的愉悦。此时，再拓展至学生的生活实际，是否有类似的感受，说一说，再写下来。“读、思、悟、说、写”有机结合，相互促进，打开思维的广度，提升阅读能力。

刘丽娜在给学生们上课

（三）独特体验，升华情感

“阅读是学生个性化的行为。”我们应鼓励学生在课堂中多元化地解读文本，形成自己独特的阅读体验。如教学《桂花雨》时，让学生在初读的基础上概括文章。随后，鼓励学生用思维导图来做笔记，抓关键词，细细揣摩，记录下自己的独特体验。学生在充分阅读后，再与同学、老师交流。因为每个学生都有着不同于他人的阅读方式和思考方式，并且阅读兴趣及经验有差异，肯定会有不同的理解和感悟。我们要尊重每个学生的独特个性，还要鼓励学生敢于与众不同。让学生在自由的氛围中，深入地理解文章的语言文字和思想内容。文中的思想人文因素，不需要教师刻意地渗透，而是学生从字里行间“读”出来，并将其潜移默化地融进自己的心灵。教师引导学生从不同的角度、以不同的形式进行阅读，发表自己独到的见解，进而提高学生个性化阅读的能力，为他们的终身发展奠定扎实的基础。

三、学会运用

“语文课程是一门学习语言文字运用的综合性、实践性课程。”要把语文教学与现实生活结合起来，引导学生把学到的知识应用于实践，通过实践升华为能力，从而提升学生的核心素养。教师要给学生提供实践运用的机会，搭设展示个性才华的舞台。比如，在五年级语文上册第一单元的“我爱读书”这一专题综合性活动中，可以设置分组搜集名人读书故事或名言；访问周围爱读书的人；给图书分类、做个书目，读书笔记展览等活动。采用学生喜闻乐见的形式，举行手抄报评比、读书笔记展览、故事会、朗诵会、好书推荐等活动，让学生进一步感受读书的快乐。同时，学生在生活中学语文、用语文，使其语言文字运用能力、表达能力、实践能力、合作能力都得到充分锻炼，语文核心素养便如春风化雨般悄悄潜入学生的心田。

总之，基于“双减”这一背景，提升学生的阅读素养是教学的重中之重。在语文课上，学生若能真正学会积累、学会阅读、学会运用，并且好读书、读好书，其语文核心素养定能不断提升。

全科阅读背景下
提升小学语文教师阅读教学能力的思考

■ 崔伶伶

随着教育改革的不断深化，学科教育对小学生的综合能力要求越来越高。语文阅读作为学生各学科学习的重要基础，需要教师重点关注。小学语文教师是学生学习过程中的重要引导者和组织者，其阅读教学能力与学生的阅读能力养成息息相关。全科阅读的实质是基于学生成长的基本需求构建更为全面而又个体性的阅读方式。全科阅读并非单纯强调某一学科知识的重要性，而是强调重视各学科。小学语文教师的阅读教学能力是评判其教学能力的重要指标，然而，阅读教学还涉及古诗文、现代文等多方面。在全科阅读背景下，重点强调提升小学语文教师的阅读教学能力能够为构建完善、丰富的现代化语文阅读教学体系打下良好的理论基础。

一、全科阅读的内涵

全科阅读即指全学科的阅读。传统的语文教学着重强调语文教师对于提升学生语文阅读能力的重要性，重点关注教师的阅读教学能力，把对学生的阅读锻炼当成提升学生阅读能力的重要手段。但随着时代的发展和信息技术水平的不断进步，单纯的语文阅读能力无法满足学生综合能力快速提升的要求，现代社会更加强调的是学生的综合阅读能力。因此，为了能够快速适应时代教育发展的趋势，小学语文教师需要提升自身的“综合性”阅读教学能力，以实现学生阅读能力的有效提升。新课改理念下，全科阅读作为一种综合性的符号特征集合，语文的字母、文字、拼音等都是语文学科的灵魂所在。小学语文教师需要重点提升自身的绘本阅读教学能力、古诗文阅读教学能力、名人名著阅读教学能力、现代诗文阅读能力等。

二、全科阅读背景下提升小学语文教师阅读教学能力的重要性

小学语文教师是小学生开展语文知识学习、语文素质和思维养成的重要指导者。全科阅读教学是素质教育背景下的一种新的教学形式，它重点突出教学的开放性和兼容性，各学科相互融合的理念渗透于语文阅读教学，能够为学生和小学语文教师提供更多自主思考和创新的空间。全科阅读背景下需要重点提升小学语文教师的阅读教学能力，使学生的思维能够更具发散性，教师的教学方法和内容也能更具新颖性；全科阅读更加强调“评价方式 / 指标的多样性、内容的多元化”，能够构建更为完善和丰富的语文阅读教学体系，促进学生的可持续发展。

三、我国小学语文教师阅读教学能力提升过程中存在的问题

（一）教学目标设置不合理

在素质教育背景下，小学语文教师的教学能力被提出了新的要求。《义务教育语文课程标准》中明确要求小学语文教学需要将“知识与能力”“过程与方法”“情感态度与价值观”三大目标相交融，实现学生主体在理论知识和思想方面的共同成长。但小学语文阅读教学在实际开展过程中，会受到主观、客观因素等诸多方面的限制，导致教学目标的设置和真正实现的过程受挫。比如，很多教师在设置教学目标时往往没有结合实际，设置的目标过于“空泛”或者“过大”，如提升学生的思想道德素质、提升学生的团体意识等。太过“空泛”的概念难以落到实处，无法对教师的教学起到实质性的指导，学生也难以理解这些概念的具体含义，难以形成具体的认知。除此之外，很多教学目标还存在概念不清以及导向不明确的问题，导

致教师在实际执行时容易陷入困境，这主要是因为教师自身对教材的研究不够深入，对教学目标的设定也难以有十分明确的理解。这就使得教学目标在实际完成过程中难以达到理想的状态，影响教学效果。

崔伶伶与学生们一同上早操

（二）教学内容理解不深刻

在全科阅读背景下，很多小学语文教师对自身课程的教学内容理解并不到位，使得他们的实际教学内容远远脱离了原本应有的教学重点，其教学能力无法得到有效提升，对教材的认识和理解也难以达到比较深刻的水平。主要体现在语文教师没有深入挖掘语文教材中的文本内涵，仅是将课堂的教学重心放在生字词的认识、理解以及对文章段落的理解上，而对于文章主旨的理解和内容的解读并不到位。同时，教学内容的理解和梳理也影响教师教学思维的养成，教师对教学内容理解不到位直接影响教学思路的严谨性，影响教学质量和教学效率。

（三）教学方法使用不科学

虽然全科阅读背景下着重强调提升小学语文教师的阅读能力，但是由于“全科阅读”这一概念还没有广泛地普及至基层教育，导致很多语文教师对“全科阅读”还没有一个系统的认知。一部分小学语文教师在阅读教学时习惯于依赖传统的教学方法，比如过多地看重字词等基础知识的讲解，对学生阅读方法以及阅读面的涉猎、阅读思维的培养等并不注重，学生阅读能力的提升也会受限。很多语文教师在进行阅读教学时并不注重学生个体之间的差异性，盲目地采用“一刀切”的方式，不注重对学生个体的兴趣激发。在长期的应试教育背景下，小学语文教师的阅读教学资料完全是从教材中获得，然而现实生活中和网络中也有很多趣味阅读资料，古籍中也有很多优质素材，但一些小学语文教师不愿意花时间和精力去探索丰富有趣的阅读材料，并结合学生个体差异进行阅读的“分层教学”，从而使得语文阅读教学内容过于单一，教学方式也过于局限。

四、全科阅读背景下提升小学语文教师阅读教学能力的策略

（一）创设多方协作的阅读生态环境

小学生群体认知能力还不健全，好奇心强，注意力容易被分散，因此，构建舒适、有趣的阅读氛围对集中小学生的注意力格外重要。良好的阅读生态环境是保证构建良好阅读氛围的关键。小学语文教师可以结合学生的生活和活动环境，构建一个集“课内外、校内外”于一体的、相互协作的纽带，打造一种多方协作的阅读生态环境。这种生态环境集结了三部分内容：一是学生不同学习阶段的阅读情况，基于学生的个体差异打通“幼儿园—小学—初中”学习壁垒，形成一套能够贯穿整个语文学习阶段的阅读体系；二是课内外的阅读体系，单纯依靠课内的语文阅读材料开展阅读教学是远远不够的，教师需要结合课内外有效的教学资源，包括网络教学资源等，构建更加完善的阅读教学体系；三是校内外的协作体系，以实现阅读的社会化和实践化。

（二）建立“多主体”的阅读群体

学习的过程就是交流的过程。任何知识的学习，都需要在交流和沟通

中实现共同进步，全科阅读更是如此。语文教师需要在阅读教学过程中实现“生生阅读、师生阅读、亲子阅读”三位一体，让学生、教师、家长能够在阅读学习和交流的过程中，实现更加有效的口头交流，拉近彼此的距离，构建更加和谐、亲密的关系。家长作为孩子的长辈，其认知能力和思考方式与孩子之间存在差异，教师需要指导家长以“平等”的身份变成阅读的参与者。学生与学生之间的阅读交流，能够锻炼学生们的语言组织能力和表达能力，其思维之间的交流也能够进一步完善他们各自的思考方式。师生之间的阅读交流，能够更好地指导教师实现教学目标，促进课程理念的“落地”。

全科阅读是素质教育下对学生个人能力成长的一种新要求，能够有效地提升学生的阅读能力，锻炼他们的思维方式。小学语文教师作为语文知识的传播者和输送者，需要在教学过程中重点突出全科阅读，在实践中落实全科阅读。

低年级学生课外阅读兴趣的培养

■ 赵德凤

《义务教育语文课程标准》指出："语文课程是实践性课程……是学生学习运用祖国语言文字的课程，学习资源和实践机会无处不在，无时不有。因而，应该让学生多读多写，日积月累，在大量的语文实践中体会、把握运用语文的规律。"

在对学生课外阅读的一次调查中，我发现学生的课外阅读不仅时间短、阅读面窄，而且阅读的效果也不是很好。无论是平时还是周末，绝大部分学生平均每天只能保证 10 分钟左右的课外阅读时间，而平时能坚持课外阅读 30 分钟的仅占 20.5%，双休日内坚持课外阅读 30 分钟的也仅占 31.5%，每天坚持课外阅读 1 小时的则更少。这其中还有相当一部分学生只满足于入眼不入脑的浅表性阅读，满足于过眼云烟式的娱乐性阅读，满足于缺乏精神营养的快餐式阅读，而对那些真正能滋养心灵的经典书籍却几乎无人问津。

为了改变这种现状，让学生养成爱阅读、会阅读的好习惯，我做了研究与实践，认为有以下几种方法值得一试。

一、多角度激发兴趣

兴趣是最好的老师。孔子说："知之者不如好之者，好之者不如乐之者。"学生有了课外阅读兴趣，自然就会主动努力地寻找阅读机会，从阅读中获得信息和满足感，产生愉悦的情感体验，而获得的知识和愉快的体验又会增加阅读的兴趣，如此循环，学生必会将读书视为习惯，甚至达到“一日无书，百事荒芜”的境界。

那么如何激发学生的阅读兴趣呢？从一年级开始，我就引导学生每天坚持课外阅读，精心为学生推荐阅读书目，和他们一起阅读。每个学生都爱听故事，引导学生每天晚上听有声故事入睡。

（1）建立图书角。作为低年级的学生，他们很喜欢为班级建设出自己的一份力。很多家长反映，给孩子买了一些书，可孩子就是不爱看。而一旦让每个孩子从家中带来一两本课外书成立一个“角”后，情况就迥然不同了。不同风格、不同种类的书籍不仅开阔了学生的眼界，还丰富了学生的阅读范围。那种看别人的书的愉悦感更促使学生不断地去阅读、阅读、再阅读，而作为书的主人，看到同学们翻阅自己的书时也特别开心。

（2）固定课外阅读时间，每天午读时间让学生读课外书里面的故事。每节语文课都让一个学生讲自己阅读的故事，每次讲完都可以获得两分积分币。每月安排一节故事大王课，专门讲课外书里面的故事。刚开始，学生还不够大胆，教师可以给他们讲，后来就慢慢引导学生自己讲课外书里面的小故事。

（3）教师带头读书，树立榜样。低年级学生的心理特点是崇拜教师，教师说什么，他们就听什么。教师首先要以身作则，时不时地介绍一下自己的读书心得，介绍一下什么是枕边书。教师还要经常把自己摘录的好句子念给学生听，介绍自己最近在看什么书，读什么报纸、杂志等，这样能对学生起到潜移默化的榜样作用。

二、亲子共读好时光

学校和教师能给予学生的阅读时间是有限的，更不可能进行一对一的指导。因此，家庭是学生课外阅读的最佳场所，这就需要家长主动参与。亲子共读就是最好的方式。

亲子共读的方法很多，可以是家长为孩子读，可以是家长与孩子一起读，也可以是孩子读给家长听。其中，孩子读一段，家长读一段，是再好不过的亲子阅读方式了。拼音学习结束后，有些孩子的拼音掌握得不好，就算是掌握得好的孩子也需要不断地巩固，那么当孩子的阅读书本是注音读本时，家长千万别忽视了帮助孩子练习拼音的机会，在孩子读音不准的时候，一定要停下来，把汉字头上的拼音拼给孩子听。但是，必须提醒的是，家长不要嫌烦，也不要逼着孩子做他们不喜欢的事。如果孩子只是愿意享受倾听，家长就不要一味地强求孩子和他一起阅读。或许过不了多久，他就会嫌你读得不过瘾，会抢过你手中的书，如毛虫般如饥似渴地一本接着一本啃书。记住，朗读造就了倾听的耳朵，倾听催生了新鲜的述说。

赵德凤给学生们讲课

在进行亲子阅读时，家长还应该有计划、有目的地指导孩子建立正确的阅读方法。首先，制订阅读计划，每天有固定的阅读时间，一般为 30 分钟左右，帮助孩子选定要看的书。其次，指导孩子理解读物内容，在阅读过程中让孩子认识、理解书中不认识的字、不懂的词或事情。再次，家长要经常检查孩子读书的结果，可以让孩子复述内容，说一说读后的感想，同孩子一起讨论一些问题，评价书中的人和事，评价读物的写作特点等。为了让家长能够更好地与孩子进行亲子阅读，孩子进入二年级后，家长和学生可以制作一张亲子阅读记录表，在阅读后，家长和孩子共同填写表格。

三、教孩子阅读方法

小学低年级儿童心智发展还未成熟，单靠兴趣让学生持续阅读只能是镜中花、水中月。加上语言积累不够、理解能力不强等外在因素，他们在课外阅读中必然会遇到种种问题。让学生掌握阅读方法尤为重要。

学生入学后，教师首先要教会学生的是绘本的阅读方法。低年级学生喜欢借助图画等手段阅读绘本读物，原因是绘本读物往往是一大幅图配上一两句话，比较简单。对于低年级的学生，要引导学生在阅读绘本时，有意地看看图画再阅读文字，将两者结合起来体会故事内容。绘本中不仅有文字，还有插图，文字是作者传达的意思，插图则表达了文字以外的意义。细心的读者不难发现：有的绘本中的文字能弥补图画的不足，图画又能道出文字的内涵。由于低年级学生对鲜艳的图画感兴趣，阅读绘本时往往只看图画，不读文字，教师要指导学生掌握图文结合的方法，正确、科学地阅读绘本，帮助他们建立文字和图画的关系，提高阅读的有效性。

学生在学完拼音之后，也认识了不少汉字。这时，就需要改变策略，引导学生自主阅读。

喜欢听故事是低年级学生的特点，听故事既可以丰富学生的知识，又可以培养他们的语感，集中他们的注意力，激发他们的阅读兴趣。低年级的学生喜欢充满幻想、奇妙的故事，教师用声情并茂的语言营造的故事情节更能在学生的心里定格。在阅读课上，可以每天读一个故事片段，留下悬念给学生想象，然后介绍书的名字，吸引学生利用课外时间将故事读完。

在听了一个又一个故事，看了一本又一本课外书之后，学生的头脑中已经积累了一定的故事素材，此时，让学生简要复述故事或创造性复述故事，便可以锻炼学生的口头表达能力，又能使学生充分吸收、积累语言。此外，因学生在讲故事的时候能够展示自己，与同学相互交流，分享阅读的光芒，故而更能调动学生阅读的积极性。

语文教师还需在日常的教学中，培养学生良好的阅读习惯，帮助其掌握科学有效的阅读方法。总之，课外阅读作为课内阅读的延伸和补充，极大地开拓了学生的视野，丰富了学生的学识。作为教师，我们应该积极拓展渠道，为学生的课外阅读保驾护航，让学生徜徉在书海中，在书的海洋中积累语言，亲近母语，陶冶情操，升华品格。

小学语文阅读教学中审美情趣的培养

■ 于红霞

语文素质教育强调审美教育，审美教育是语文素质教育的一部分，其根本点就是对人的审美情趣的培养和教育。审美情趣的培养和教育是以塑造人的品格、陶冶人的情操、净化人的心灵为内容的教育。

一、小学语文阅读教学中培养审美情趣的意义

情感教育作为人文精神的重要内容，既突显了语文学科的人文性特征，也体现了“以人为本”的教育理念。教师如果能带领学生走进作品的世界，让他们在作品中与作者相遇，倾听作者的声音，并与之进行心灵上的沟通与交流，那么学生就会被他们高尚的人格所感染，被他们美好的情感所打动，受到潜移默化的情感熏陶，从而实现知、情、意、行的和谐发展。

语文对每个学生来说都算是最为重要的一门基础学科，只有把语文知识作为基础，才能更好地理解其他科目的知识，而语文阅读教学则是语文教学当中促进学生理解、培养学生审美的重要环节。所以，教师要让学生在阅读过程中理解文章的精髓，养成阅读习惯，接触更多优秀文学作品，提升审美层次，这样才能让阅读教学的作用进一步发挥出来，这也是当前阅读教学最重要的目标。学生只有在阅读过程中受到优秀文学作品的熏陶，才能够认识到这些作品的优越之处在哪里，并养成阅读优秀文学作品的习惯，最终通过积累不断提升自身的思想境界，成为一名具备深厚文学素养的人才，这也是语文教学的目标所在。

培养学生的审美情趣是语文教学中一项十分重要的任务。《义务教育语文课程标准》提出，语文课程应“提高学生的思想道德修养和审美情趣，使他们逐步形成良好的个性和健全的人格，促进德、智、体、美诸方面的和谐发展”。我们的教学对象正是一群天生爱美的儿童，我们的教材更是从不同侧面显示着、蕴含着自然之美、社会之美或艺术之美。因此，教学理应充分地体现美、利用美。那么，如何在语文阅读教学中培养小学生的审美情趣呢？

于红霞

二、小学语文阅读教学中培养审美情趣的常见问题

（一）材料选择不谨慎，导致质量参差不齐

阅读材料既决定着阅读质量，也决定着学生能否通过阅读有更多收获，思想境界能否得到更大幅度的提升。所以教师要培养学生的审美情趣，最重要的一点便是正确选择阅读材料。材料要深入浅出，内容简要易懂但思想见解独具一格，如此才能让学生更好地理解。但是，当前许多教师对于学生阅读材料的选择普遍是根据校方的安排进行的，很少深入思考，这对阅读教学来说是十分不利的。

（二）引导方式强硬，忽略学生自身的见解

灌输式的教学是我国教学领域的惯性理念，这样的教学理念自然波及了语文阅读教学，它的影响也显然不是正面的。语文是一门注重个人理解的

学科，对于每个词、每个句子，一万人有一万人的理解，这也正是语文的魅力所在。阅读过程亦是如此，学生对于文章不同的看法，决定着其审美的走向。所以教师要帮助学生培养自身的审美情趣，首先必须要重视的一项原则便是对学生主体地位及个人理解的尊重。但灌输式教学理念很常见，所以当前教师思维的转变依然是至关重要的课题。教师只有意识到学生的主体地位，在阅读过程中，懂得理解学生的个人见解，才能真正培养学生的审美情趣。反之，学生只能跟着教师的审美思路走，这必然给学生带来极大的负面影响，甚至可以说是一种误导。

（三）引导方式不丰富，无法进一步将学生带入情境

审美情趣的培养在于让学生了解文章的美妙之处，理解在这一过程中是至关重要的。学生只有有了深入理解，才可能谈及审美情趣的培养。如果学生连对文章核心内容的基本理解都无法达到，强行谈及审美情趣，那么学生的学习兴趣就会大打折扣。由此可见，在阅读过程中教师要帮助学生培养审美情趣，首先是要建立教学情境，让学生能够通过想象强化理解。然而，目前许多教师并没有领会这一要点，从而使得教学效率大幅降低。

三、语文教学中培养审美情趣的方法

方法，是指“处理事情或解决问题的办法、门径、手段等”。从实质上说，就是一种运动规律的规定性和活动模式，它规定人们按一定的行为模式活动。教学中需要采用一定的教学方法，教学才能行之有效。语文教学中审美情趣的培养也要讲究一定的方法，这样才能行之有效地实现教学目标，完成教学任务。

（一）通过情境教学唤醒审美情趣

情境教学是指在教学过程中为了达到既定的教学目的，从教学需要出

发，引入、创造或创设与教学内容相适应的具体场景或氛围，以引起学生的情感体验，帮助学生迅速而正确地理解教学内容，促进他们的心理机能全面和谐发展的一种教学方法。

学生有生活阅历的限制，在某些场合会对自己的情感缺乏充分的认识。因此，在语文教学中教师可以运用声情并茂的导语，诱发学生对审美对象的聚焦，引导学生进入其境；教师还可以充分运用现代化教育技术，使用录像、录音机、多媒体等手段为学生创设情境，营造气氛，增强文章的感染力，强化学生的情感体验。合理地创设生动的情境，激发学生学习语文的兴趣，让学生在轻松愉快的气氛中接受知识的熏陶，进行素质教育。如在教学古诗《忆江南》时，一幅幅与诗风格相近的书画作品映入学生的眼帘，一首首委婉优美的古筝乐曲飘入学生的耳郭，加上教师声情并茂的朗读，学生已自然地进入了情境。教师朗读后，让学生再运用齐读、串读、比读等多种形式进行朗读，然后让他们抒发自己的感受，体会江南风光的明媚及诗人对江南风光的赞叹和眷恋。这样，教师通过创设情境，就能使学生更深层次地领悟诗所蕴含的意境。

（二）通过“美读”把握形象美

例如朱自清的《春》，作品展现的是一个欣欣向荣、多姿多彩的春天。地上是大片嫩绿的小草，田野里是一棵棵盛开的桃树、杏树、梨树，在缤纷多彩的花团中，飞舞着成群的蜜蜂、蝴蝶；在晴朗、温馨的天空中，吹拂着温和的杨柳风、花香的气息，弥漫着各种鸟儿动听的乐曲，还有牧童嘹亮的笛声……朱自清把大自然写活了、写足了、写透了，把大自然诗化了。教师在教学过程中要引导学生感受大自然是如此美好，人的生命也变得如此美好，在美的自然中，深切地体验生命的自由、活力和灿烂。教师在教学中要引导学生把作品中的春天气息与自己所处的春暖花开的实景加以比较，从而体味朱自清对美好春天的赞美，领略生命的美好。

（三）整合课内外学习，提升感染力

《义务教育语文课程标准》告诉我们："培养学生的语文能力有着广阔的天地，不能仅仅局限于语文课堂上。"课外的阅读、写作、交谈等各种活动，甚至生活，无不需要接触和运用语言，所以，我们的语文教育必须架设课堂教学与课外活动的桥梁，架设课堂教学与社会生活的桥梁。教师在这一教育过程中要引导学生关注社会生活，让学生在感受社会生活中提升自我的审美情趣。社会生活是个大舞台，人间百态、世间众生以其特有的姿态出现在生活的大舞台上，形形色色，就像一本天然的教科书。教师要引导学生注意观察生活、体验生活，让他们在其中学到许多知识，包括语文知识等。每天观察一个生活小镜头，写下一份生活日志，学生的写作就会有真情实感；接一次电话、招待一次客人，可以帮助学生提高口语交际能力，明白接人待物要有真情实意；观看一次画展、欣赏几场音乐会，可以帮助学生体会课文中许多描绘得美妙绝伦的意境。因此，整合课内外的语文学习，可以丰富学生的情感生活，可以提升学生的审美情趣。

（四）尊重学生的理解，提高学生的审美情趣

新的教学理念要求我们尊重学生的审美个性，提高学生的审美情趣。一千个读者眼里有一千个哈姆雷特，每个学生都是独立的个体，在阅读过程中也必然会产生不同的见解，也正是因为有不同的见解，语言知识的魅力才能够体现出来。所以在阅读过程中，教师也需要转变自身的观念，摆脱灌输教育观念的影响，重视学生的想法，尊重每个学生对文章的理解，帮助学生明确自身的审美。

例如在讲述《山行》这首诗歌时，教师先让学生描述自身对于秋天从黄昏到夜晚时的景色是什么样的印象。有些学生也许会觉得天高云淡的秋日黄昏，天空逐渐变成繁星闪耀的夜晚是充满诗意的；有些学生则会认为秋天时落叶满地的景象，伴着寒凉的风，难免有种凄凉寂寥的感觉。但这

些感受融合在一起，才是一个完整的秋天，每个人的思考方向不同、关注点不同，最终在阅读过程中的理解也会有天差地别。对于阅读过程中学生的不同见解，教师不能以对或错来简单判断，首先应当表达尊重，并对学生勇敢地表达自身想法的行为表示赞赏，之后再进行更多的交流发言。学生只有对文章有了丰富的见解，才能对文章的主旨与内涵有更深层的了解。学会欣赏不同类型文章所表达出的不同美感，才能在真正意义上拓展审美情趣。

以美为境界，让儿童受到美感的陶冶及完美人格的培养，可走出一条实施素质教育的路来。语文教材中蕴含着极其丰富、极其广泛、极其深刻的美学内容，它从不同的侧面、不同的角度反映了不同时代、不同民族、不同国家的审美情趣、审美要求和审美理念。语文教师要善于挖掘教材中的审美因素，带领学生“慢慢走”，充分“欣赏”，在欣赏中进入作品的意境，获得审美愉悦，并在这个再创造的过程中使学生的灵性得以升华，从而培养学生健康高雅的审美情趣。

如何在师生互动中增强小学语文全学科阅读水平

■ 霍思文

随着我国综合国力的增强与新高考改革的推进，语文的影响力也随之扩大。小学语文阅读作为汉语学习的重要基础，无论是在素质教育方面还是在应试教育方面所占据的分量皆不容小觑。因而，小学阶段语文阅读教学作为夯实学生汉语基础的重要内容需要引起广大语文教育工作者的重视。加强师生互动对于提升小学语文阅读教学效果，培育小学生良好的语文阅读学习习惯及增强小学生语文知识的储备等方面都发挥着极其重要的作用。师生互动作为提振小学生语文阅读教学效果的重要途径，不能停留于简单的语文知识传授，而应更加注重小学生语文综合能力的提升和语文学习能力及学习兴趣的培养。在如今语文教学改革大潮的影响下，小学生语文教学如果仍然停留于传统的填鸭式灌输，无疑对于学生的语文综合能力培育是极为不利的。

一、目前小学语文全学科阅读的大致状况

（一）缺乏对学生阅读的核心素养培育

激发学生学习语文的兴趣与培养学生学习语文的主动性和积极性作为小学语文教学培养学生核心素养的重要内容之一，成为当前许多小学语文教师比较关注的问题。但在小学语文阅读教学中，教师通常会采用填鸭式的教学手段，忽视师生互动与学生主体性的发挥，不但不能够使学生感受到语文学习的乐趣，反而容易挫伤学生学习语文的积极性，学生学习语文的

内在潜力难以得到很好的激发，始终处于一种被动的学习状态，难以主动学习语文。

（二）语文阅读的范围过于狭窄

教学效果的好与坏是语文课堂教学评价的重要标准，单一衡量学生学习效果的手段，使小学语文教学的考核以考试成绩来评定，而语文考试的试题大都来自教材，这就使得学校的教师和学生在学习语文的过程中，仅仅局限于教材上的内容，甚至出现对教材内容死记硬背的情况。单一的教学手段和狭窄的阅读范围势必导致学生感觉学习语文是枯燥的，感受不到这是一件十分有趣的事情。在考试的重压下，当前绝大多数学校的学生普遍存在缺乏课外知识阅读的情况。阅读范围过于狭窄，导致难以增强小学语文课堂教学的互动性，很难使学生从互动中感受到语文阅读的乐趣。

（三）缺少对书本知识以外的内容的深化

语文教学很大程度上与人们的生活实践或者生活感悟密切相关。但是，当前仍然有较多学校在语文教学方面仅仅停留于书本内的知识传授，对书本以外的知识不愿意进行很好的拓展，甚至出现部分教师担忧过多地接触书本以外的知识会影响语文成绩，对书本以外的知识讳莫如深的情况。他们不愿意将自己的人生经验和感悟与学生分享，更不愿意带领学生外出体验生活、感悟自然，致使在小学语文的教学中，学生基本停留在对知识的死记硬背阶段，很难将许多与生活休戚相关的内容联系起来。小学语文教学的知识深化与拓展无从展开。

二、在师生互动中提升小学语文全学科阅读能力的途径

（一）阅读过程中注重教师的引导

师生关系的好与坏对于学生的学习与生活会产生重要的影响。良好的师生关系能够营造良好的学习氛围，形成融洽的相处模式；糟糕的师生关系

不仅不利于学生的学习和成长，还会导致课堂氛围变得越发压抑。良好的师生互动作为良好师生关系的重要纽带，对于增强师生关系的良性循环具有重要作用。通过师生互动，师生之间可以进行相对坦诚的沟通，师生之间的平等性能够得到很好地加强，并且互动可使学生感受到教师内心的真诚，增强学生对教师的信任和依赖。在小学语文全学科阅读的教学过程中，需要在确保师生互动的情况下对学生的阅读进行引导，如在课外书籍《中国古代神话故事》的阅读中，教师可引导学生思考古代人对自然的敬畏。由于人们对大自然的敬畏和自身知识的局限，便产生了神话传说。通过教师的引导，学生知道了神话传说尽管较多地源于当时人们的虚构，但很大程度上也反映了当时人们的生产生活状况。

霍思文

（二）教师通过思维导图拓展学生的阅读面

借助思维导图能够很好地带领学生走进浩瀚的语文世界。在小学语文全学科阅读过程中，为提高学生阅读语文的效率，可以采用思维导图的方法。如在对《森林报》的阅读教学过程中，教师可通过多媒体展示与森林相关的景色，以及森林里飞翔的小鸟和形形色色的动物，让学生通过丰富多彩的图示，预先激发其阅读该作品的兴趣。然后由教师提出问题：书本里的森林与我们看到的森林是否一样？让学生围绕思维导图的内容进行阅读，再让学生讨论两者之间的相同点和不同点，使学生的阅读面在潜移默化中得到很好地拓展。

（三）在阅读教学中，教师尽量引导学生将生活实践与阅读内容相结合

阅读教学不仅有助于学生加深对教材内容的理解，还有助于引导学生回归到作者创作的时代并感知作者当时的所思所想。为提升小学生的语文阅读能力，教师还可引导学生将生活实践或个人感悟与语文阅读结合起来。如在对部编版语文教材四年级上册《观潮》的阅读教学中，教师可以以导游的身份先带领学生在教材中遨游，带领学生感受“八月十八潮，壮观天下无”的恢宏情景。教师可能对钱塘江大潮也不甚熟悉，致使学生在学习本课内容时，无法感受到学习语文知识给自己带来的乐趣。为了使学生更加深切地体验和感知钱塘江大潮，教师可播放钱塘江大潮视频，并对视频中的重要环节或者场景进行讲解，让学生以游客的方式感受钱塘江大潮壮观的场面，学生便能产生潮来前的期待、潮来时的激动和潮去时的感慨。通过情境教学，学生感知了古人观潮与现代人观潮的异同，感受到无论是古人还是今人，在面对壮观、美丽的自然景观时，都会发出对自然景观的感慨。只不过在古代，由于交通工具的局限和经济水平的限制，古人观潮的人数没有今人多而已。实践与书本的融合，既丰富了学生阅读的内容，又拓展了学生的阅读视野。

在小学语文教学的过程中，增进师生互动，推动小学语文全学科阅读，从而提升语文教学效果的方式和途径比较多。在学校，教师需要通过多种方式，探寻更多有效的方法促进师生互动，在互动中让学生感受到语文全学科阅读给自己带来的乐趣。良性的师生互动不仅能够有效地提高学生学习语文的效率，还有助于学生阅读能力的提升，进而提升学生的语言表达、

文字记忆、写作能力等。同时，小学阶段的学生自控能力比较弱，他们贪玩的本性在语文阅读的过程中会暴露出来，如果采用传统的填鸭式教学方式进行灌输，势必会导致学生学习的积极性与主动性难以得到激发。所以在小学语文全学科阅读的教学过程中，在课堂内外最好由教师对学生进行语文阅读方面的引导，通过多种渠道和多种方式来增强师生间的互动性，引导学生通过自己的感悟和实践对教材内容进行理解，以调动学生阅读的积极性。

多措并举，推动整本书阅读

■ 李秀娟

从 2018 年开始，全国统一使用部编版语文教材，部编版小学语文教科书的一大特色栏目就是“快乐读书吧”，旨在激发学生的阅读兴趣，让学生感受阅读的快乐，习得一些基本的阅读方法，打开学生的视野。

《义务教育语文课程标准》教学建议部分做了这样的表述：“要重视培养学生广泛的阅读兴趣，扩大阅读面，增加阅读量，提高阅读品位。提倡少做题，多读书，好读书，读好书，读整本的书。”并且在课程目标与内容部分提出：第一学段课外阅读总量不少于 5 万字，第二学段课外阅读总量不少于 40 万字，第三学段课外阅读总量不少于 100 万字，第四学段课外阅读总量不少于 260 万字。

毋庸置疑，阅读整本书是提升学生语文核心素养的有效途径。如何将课内外阅读进行有机整合，多措并举，推动整本书阅读，切实提升学生的语文核心素养，值得每一位语文教师、每一所学校深入思考。

一、打造书香校园，让书香浸润心灵

著名教育家苏霍姆林斯基谈到教育和阅读的关系时，曾说过一句非常经典的话：“只有能够激发学生去进行自我教育的教育才是真正的教育，而自我教育从读一本好书开始。”这句简洁而意味深长的话，也许是对“整本书阅读”的意义最为精辟的阐发。读书是人们学习的重要方式，是人生奋斗的航灯，是文化传承的通道，是人类进步的阶梯。要通过多种举措，努力营造“书香校园”的氛围，进一步推动整本书阅读，让书香浸润学生的心灵。

（一）以课程推动整本书阅读

“语文要素”和“人文主题”双线组元是部编版小学语文教材的一大特点。立足“单元语文要素”把整本书阅读课程化，通过“导读课”“自读课”“分享课”学习阅读策略，激发阅读兴趣，提升阅读能力。

例如，四年级上册第四单元的前两个语文要素是“了解故事的起因、经过、结果，学习把握文章的主要内容；感受神话中神奇的形象和鲜明的人物形象”。“快乐读书吧”推荐的阅读书目是《中国古代神话故事》和《希腊神话故事》。我们立足单元语文要素上了一节《中国古代神话故事》导读课。学习任务单如下：

小组学习任务单

一、选择一个故事，用思维导图展现故事的起因、经过、结果，串联起来说一说故事的主要内容。

二、你觉得这个故事哪里写得特别神奇？

三、这个故事的主人公给你留下了怎样的印象？

四、你觉得这个故事哪里写得最精彩？

“小组学习任务单”的设计直接指向单元语文要素，以“单元语文要素”为抓手，增强导读课的实效性。

（二）以创建“班级图书角”推动整本书阅读

为了推动“共创书香校园”活动计划的实施，北京市昌平区第五学校将创建班级图书角活动作为班级文化建设的一个重点和亮点。在活动中，各班班主任和学生开动脑筋，精心挑选图书角的名字和读书名言，做成精致而典雅的标语牌，点缀在班级图书角。“读书吧”“采蜜园”“书香阁”等，一个个好听、响亮而又内涵丰富的名字，寄予着学生们对书籍的热爱。“读书更快乐、读书更智慧、读书更明理”“读书破万卷，下笔如有神”“腹有诗书气自华，最是书香能致远”，一句句令人深受启迪的名人名言、读书警句，时时给人以激励。这小小的图书角已经成为各个教室一道亮丽的风景线。

班级图书角的书由两部分组成，一部分为学校根据各年级的推荐阅读书目统一配备的书，另一部分为学生自带的书。足量的书籍为学生提供了更多的阅读选择。

李秀娟指导学生进行体育锻炼

一个个“书香班级”为学生搭建了阅读平台，使学生真正走近书籍，感受书香，自觉地喜爱上了课外阅读，并在阅读中获得快乐，在快乐中享受阅读，获得精神上的充实与愉悦。

（三）用“读书节”推动整本书阅读

每年 4 月昌平区第五学校都会举办读书节，学校会通过校园电子屏宣传读书格言、名言：“读书是门槛最低的高贵”“阅读是一生的事业”“读书，我每天必需的生活”“厚重生命底色，阅读点亮童年”“读书成为习惯，书香润泽生命”“书卷多情似故人，晨昏忧乐每相亲”等。每个学生在读书节期间至少读好一本书，充分利用课后服务时间段的“聊书”时刻，开展“好书推荐”活动，并把自己推荐的“好书”放在班级图书角，让好书共享。

（四）用校级评价机制推动整本书阅读

“积分币　促成长”是北京市昌平区第五学校小学部成立以来沿用的一项校级评价机制，学生平时积攒积分币，期末根据积分币的数量参加学校的兑奖或抽奖活动。为了推动整本书阅读，我校将评选“书香学子”纳入校级评价机制，加大对“书香学子”的奖励力度。

（五）以“延伸活动”推动整本书阅读

立足教材，结合文本推荐阅读，开展“延伸活动”（课本剧、配画……），用这样“一条龙”的方式推动整本书阅读的开展。例如，在学习完《卖火柴的小女孩》后，教师可推荐学生阅读《安徒生童话》，在此基础上组织表演课本剧。又如，在学习完《蟋蟀的住宅》后，教师可推荐学生阅读法布尔的《昆虫记》，在此基础上组织开展“昆虫大会”活动。学生对这样的“延伸活动”会特别感兴趣，以此推动整本书阅读活动的开展。

二、建设书香家庭，让书香伴成长

（一）建设“书香家庭”

人生的道路上有书香做伴，生活就会多一份乐趣，情感就会多一份高尚，成长就会多一份睿智，人生就会多一份精彩。家长和孩子共读好书，不仅能帮助孩子从小养成爱阅读的习惯，还能增进亲子关系，搭建两代人之间的沟通桥梁。建设“书香家庭”对推动整本书阅读活动的开展具有显著的作用。

北京市昌平区第五学校利用“积分币　促成长”校级评价机制，加大对“书香家庭”的奖励力度，鼓励家长每天与孩子共读30分钟。家长与孩子一起享受阅读的快乐，让书香浸润每一个家庭，让孩子在书香中快乐成长。

（二）开展“亲子共读”交流会

著名的童书作家梅子涵教授曾说过：“安排好童年阅读，就是安排好一生。”在每一个看似懵懂的儿童身上，都有一个正在生长的灵魂，阅读引领着灵魂生长的方向。把最美好的东西给最美丽的童年，童书中的勇气、坚持、感恩、宽容会呵护孩子在漫长的岁月中成长。最是书香能致远，亲子共读乐无涯！学校各班开展“亲子共读”交流会，为“亲子共读”搭建展示的平台。

北京市昌平区第五学校将会一如既往地把“亲子阅读”这项关乎孩子成长的工作持续下去，让书香氛围在每个班级逐渐浓烈起来，帮助孩子们养成良好的阅读习惯。

推动整本书阅读活动的开展是关乎学生阅读习惯的培养，关乎学生阅读能力的提高，关乎学生语文核心素养提升的大工程，打造书香学校，建设书香家庭是推动整本书阅读的有效方式。

小学低年级阅读教学的实施策略

■ 肖俊影

低年级阅读教学是母语教育起步阶段的一项重要内容。这一学段的阅读教学将对学生今后语文能力的发展和各种潜力的发挥起到不可替代的特殊作用。在语文阅读教学实践中，教师要善于讲究策略，重视阅读习惯的培养及阅读方法的渗透，开拓学生的视野，为学生持续全面的发展夯实基础，为学生的美好人生打好底色。

依据《义务教育语文课程标准》第一学段中“阅读”部分提出的目标，“阅读浅近的童话、寓言、故事，向往美好的情境，关心自然和生命，对感兴趣的人物和事件有自己的感受和想法，并乐于与人交流”，结合新的课程标准，我就小学低年级阅读教学实施策略谈几点思考。

一、在乐读好背中丰富语感

“学习用普通话正确、流利、有感情地朗读课文”是《义务教育语文课程标准》在低年级“阅读”目标中提出的一项最基本的要求。把课文读正确、读流利、读出一定的情感既是学好语文的重要基础，也是学习语文必须掌握的最基本的一项技能。在第一学段的阅读教学中，教师一定要充分重视对学生朗读的指导，让学生在朗读中认识生字，在朗读中感知内容，在朗读中体会情感，在朗读中积累语感，在朗读中感受学习语文的乐趣。在教学中要注意以下四个方面：

第一，在时间上，要有足够的时量让学生充分地读课文。低年级学生的识字量多，学习一篇课文时教师还需要花一定的时间来指导学生认读生字。

第二，在形式上，要允许学生采用自己喜欢的方式读课文，或同桌互读，或小组分角色读，或表演读。

肖俊影

第三，在要求上，要注意循序渐进。先要求读正确，读准每一个字的字音，尤其要注意纠正容易读错的音节；然后要求读通顺，读出自然的节奏和语气，力求做到不添字、不漏字、不唱读、不一字一顿地读；最后再指导学生有感情地朗读。

第四，在指导时，要求要明确，要针对学生朗读中出现的具体问题，要依据课文内容，运用多种朗读方式，提高朗读效果。分角色读、表演读、加动作读是低年级学生最喜欢的朗读方式。

低年级学生的记忆力强、理解力弱，在这一学段应指导学生多诵读一些儿歌、童谣和浅近的古诗，让学生在诵读中感受民族语言的音韵美、节奏美和意境美。实践证明，从小记诵大量浅近的诗文（包括儿童文学名篇），对于丰富学生的文化底蕴，提高学生的语文素养，发展学生的记忆力和想象力都有很大的促进作用。对此，《义务教育语文课程标准》提出了第一学段学生要背诵优秀诗文50篇（段）的具体要求，并在“附录”中推荐了一些优秀诗文的具体篇目。因此，低年级阅读教学除了要指导学生背诵教材指定的篇目外，还应尽可能地通过开展各种各样的活动鼓励学生背诵更多的优秀诗文。在教学实践中，教师要经常组织学生开展“每周一诗”“每日一背”“诗词吟诵会”“背诵古诗擂台赛”等活动。这些做法对丰富和提高学生的语文素养都会很有帮助。

读读背背，通过各种方式让学生乐读好背，是低年级阅读教学最重要也是最基本的策略。

二、在整体感知中培养悟性

汉语言文字的“意会”特点决定了阅读教学不宜采用“条分缕析”和“深究细挖”的教学方法。从整体入手，引导学生在读中理解、体验、思考、感悟，是当前阅读教学的一个重要策略。从低年级开始，我们必须注意在整体感知中初步培养学生学习语言的悟性。

（一）在整体感知中随文识字

识字是低年级阅读教学的一项重要内容。教学时，宜先从读文入手，让学生在整体感知中认读生字。这样做，学生能借助已有的语音信息，在感知文意中悟读部分生字，并能主动借助拼音较快地读通课文。按照“读文—读词—读字—再读词—再读文”的教学流程，让学生在一定的语境中学词识字，有助于激发学生的识字欲望，提高识字效率。

（二）在整体感知中训练词句

低年级阅读教学中的词句训练，应着重从整体感知课文入手，根据学生对课文内容的理解感悟，相机而行。下面是课文《丑小鸭》的一个教学片段：

师：现在，请大家把课文读一读。想一想：丑小鸭在变成白天鹅之前，

都遭遇了哪些事情？（生读课文）

师：同学们读得都很认真。现在，谁愿意说说，通过读课文，你都知道了什么？

生1：我知道了丑小鸭因为长得丑，好多人都欺负他。

生2：丑小鸭不仅在家里被人欺负，来到树林里，也被人欺负。

师：别人怎么欺负丑小鸭？

生2：哥哥、姐姐咬他，公鸡啄他，连养鸭的小姑娘也讨厌他。

生3：丑小鸭来到树林里，小鸟讥笑他，猎狗追赶他。

师：读到这里，你们心里有什么感受？

生4：我感到丑小鸭很可怜，我心里很难过。

师：你真有同情心。谁还能从课文的哪些语句感受到丑小鸭是很可怜的？（生找、读句子）

师：让我们一起带着对丑小鸭的无限同情，再次有感情地把这段课文读一读。（生有感情地朗读课文）

师：除了刚才我们谈到的内容之外，你还读懂了什么内容？

生1：丑小鸭很羡慕天鹅。

师：丑小鸭羡慕天鹅什么，为什么羡慕它？

生1：他羡慕天鹅有洁白美丽的羽毛。

生2：他羡慕天鹅能自由自在地生活。

师：你能用“羡慕”来说句话吗？

生1：我很羡慕姐姐有一条漂亮的裙子。

生2：我羡慕电影明星有一口洁白的牙齿。

生3：叶紫晗学习成绩很好，我很羡慕她。

（生大笑）……

从这一教学片段中，我们可以看出教师先从整体入手，引导学生读书思考，然后根据学生体会到“丑小鸭被人欺负”“丑小鸭很可怜”的情绪，引导学生朗读有关语句；接着引导学生联系课文，理解“羡慕”一词，再因势利导，让学生用“羡慕”造句子。这样在整体感知中相机而行进行词句训练，既使得语言训练自然得体，又有针对性，同时也较好地体现了“工具性”和“人文性”的和谐统一。

（三）在整体感知中模仿创造

在教学中可以适当选择一些篇幅短小、句式简洁、内容浅显、读来朗朗上口的课文，在整体感知、熟读成诵的基础上，引导学生联系生活体验，学习模仿课文的语言表达方法。

例如，最新人教版小学语文二年级下册《找春天》里有这样几句话：

小草从地下探出头来，那是春天的眉毛吧？

早开的野花一朵两朵，那是春天的眼睛吧？

树木吐出点点嫩芽，那是春天的音符吧？

解冻的小溪叮叮咚咚，那是春天的琴声吧？

教师先让学生在图画里找出文中描绘的“小草、野花、树木、小溪”几样事物，让他们边指着图上的事物诵读诗句，边感受词句描写的妙处。在充分感悟诵读之后，教师再出示另外一幅春天的图画，引导学生模仿学习。

师：同学们，除了文中描绘的几样景物之外，春天还有很多美好的事物，看谁能在图中把它们找出来，并且仿照课文说几句话。

生 1：细细的柳条在飘呀飘，那是春天的头发吧？

生 2：山坡上一片绿油油的，那是春天的短裙吧？

生 3：空中的鸟儿啾啾啾啾地叫着，那是春天的歌儿吧？

生 4：小雨丝沙沙沙沙，那是春天的悄悄话吧？

生 5：桃花在枝头盛开，那是春天的笑脸吧？

……

这样引导模仿创造的过程，有效地培养了学生语言表达的悟性和灵性。

三、在课外阅读中拓展视野

课外阅读是课堂阅读的延伸和拓展，是阅读教学的重要组成部分。《义务教育语文课程标准》在第一学段中要求“课外阅读总量不少于5万字”，要“积累自己喜欢的成语和格言警句”。低年级的课外阅读应着重培养学生的阅读兴趣，让学生在多彩的书本世界中感受阅读的乐趣、拓展视野。教学时，可从以下三个方面进行指导。

（1）延伸性阅读。即依据课文内容，引导学生搜集有关信息，查阅有关资料。如教学《雷锋叔叔，你在哪里》时，就让学生利用课外时间查找有关雷锋生前事迹的书籍去阅读；教学《难忘的泼水节》时，就让学生搜集阅读其他有特色的民族节日的资料等，扩大知识面。

（2）专题性阅读。即根据某一主题活动的需要，让学生阅读相关资料。如组织开展“庆中秋”活动时，可以引导学生搜集有关中秋佳节的诗歌、散文、童话故事、民间传说等，并根据这些内容排练活动节目。

（3）兴趣性阅读。即让学生选择自己感兴趣的童话、寓言、故事或浅显的科普读物进行阅读，使学生在阅读中感受读书的乐趣。

除了要落实好语文新课标要求的低年级段课外阅读量，教师还要为学生提供一定数量的课外读物，在班级建立小图书角，并通过组织学生开展一些读书交流和知识竞赛活动，来激发学生阅读的积极性。总之，教师要努力创造各种条件让学生“多读书，好读书，读好书”。

四、在阅读过程中养成习惯

“习惯塑造人生”，良好的学习习惯能为学生今后的人生打下坚实的基础。低年级的学生可塑性强，这一阶段是培养良好习惯的关键期，在阅读教学中要重视培养学生良好的阅读习惯，如读读背背的习惯、边读边想的习惯、使用工具书的习惯、查阅资料的习惯、积累词句的习惯以及用眼卫生的习惯等。

总之，低年级阅读教学要着眼学生的一生，为学生在语文天地里健康成长打好底色。既要立足课内扎实打好基础，又要结合课外拓展学生的视野，丰富学生的文化底蕴；既要注意培养学生良好的学习习惯，又要重视发展学生的创造个性，让学生感受到语文学习的乐趣。

注重文本，提高学生的阅读能力——语文阅读教学的研究

■ 戴 甄

语文教学不能离开“文本”，所谓“文本”，就是指作者已经写成、未经读者阅读理解的文稿，是作者按照自己的价值取向所创作的语言文字。语文阅读教学需要多角度研读文本；有层次渐进地研读文本；创设情境，激发兴趣，在文本学习中让学生动起来；学会整体感知、品味、领悟文本。文本作为一种静态而带有“生命”的个体，在很大程度上决定了教师教学策略的选择和教学活动的开展。而阅读文本就是从书面语言中获得意义的一种心理过程，通过视觉系统接受书面语言传递的信息，再理解书面语言的意义、内容和思想感情。

《义务教育语文课程标准》倡导“用教材教”，还提出“教师是课程资源的开发者”等，这都意味着教师既要重视文本资源，更要充分运用文本资源。在当今新课标理念的熏陶下，文本作为语文课堂教学活动的重要载体，使我们的语文课堂不再沉闷乏味，然而在异彩纷呈的背后，我们也看到了语文教学的浮躁与迷失——在应试过程中教师们只盯分数，忽略文本，只要把中考说明中的考点落实好，基础知识完全可以脱离课文反复记忆；阅读完全可以不用教材而走专项训练；作文就看学生的语言积累、思想认识和教师教的成文方法，更无须文本的帮助，文本的作用在强大的考试面前被我们忽视了、冷落了，也淡化了语文课本身的趣味与教益。于是，学生在语文阅读面前变得机械和被动，家长抱怨学生的阅读得分少，教师疑惑学生的阅读

能力差。那么，作为一线语文教师，我们应该怎样回归文本，并在研读文本中提高学生的阅读能力呢?

一、对语文阅读教学的认识

阅读教学是语文教学的基本环节，阅读能力是学生语文学习能力的基本体现。阅读，是读者将书面材料提供的信息与脑中已有知识整合构建意义的过程，是一种再创造，它带有强烈的个性特征，是极为个性化的行为。英国哲学家沙夫茨伯里说过："在各类人际关系中，最变化莫测的是读者和作者之间的关系。"对文本来说，教师是读者，学生也是读者，教师和学生都是通过文本去探寻作者的思路，体会作者所要表达的思想感情。但教师与学生的阅历不同，理解程度不同，因此对文本的理解也不同；不同的学生由于个性的差异，对文本的理解也有差异。同时，语文的人文性决定了语言文字中蕴含的思想感情不能靠灌输、不能用贴标签的办法授予学生，而需要进行潜移默化的熏陶感染，让学生慢慢地感受、领悟，所以语文阅读教学要重视文本，要在师生共同研读文本的过程中一点一滴地提高。

二、文本的研读

（一）多角度研读文本

文本的研读应该从教学目标、学段要求、课文特征、学生学习发展的需求以及相应的教学方法等多方面进行综合考虑。文本教学应该为有效实现课程（教学）目标服务，譬如同样一个语段，可以让学生反复朗读，以积累语言、培养语感；可以让学生抓重点词句读，以提高词语的感受力；可以让学生有感情地朗读，以丰富和体验情感；可以让学生边读边想，以发展学生的形象思维及逻辑思维；可以让学生自读欣赏，以培养自主意识、自学能力以及良好的学习习惯……但是文本研读的种种方式，必须以教学目标为依据，并服务于教学目标，教师绝不可以轻视文本，任意改编、超越、拓展和增删文本；教学目标的确定也必须以课文为依托，凸显语文课程学习。只有在把握语文本体、把握教学目标的前提下，才能较好地开发文本资源。

戴甄在给学生们上课

[举例]

部编版语文七年级课文《从百草园到三味书屋》的第二段内容：

“不必说碧绿的菜畦，光滑的石井栏，高大的皂荚树，紫红的桑椹；也不必说鸣蝉在树叶里长吟，肥胖的黄蜂伏在菜花上，轻捷的叫天子（云雀）忽然从草间直窜向云霄里去了。”“何首乌根是有像人形的，吃了便可以成仙，我于是常常拔它起来，牵连不断地拔起来，也曾因此弄坏了泥墙，却从未见过有一块像人样。”

春　（不必说）碧绿　菜畦　光滑　石井栏　高大　皂荚树　紫红　桑椹

夏　（也不必说）鸣　长吟　肥胖　伏　轻捷　窜

秋　（单是　泥墙根一代　就有无限趣味）油蛉　何首乌　蟋蟀　木莲　蜈蚣　覆盆子　斑蝥

冬　捕鸟（　）开一块雪，（　）出地面，用一枝短棒（　）起一面大的竹筛来，下面（　）秕谷，棒上（　）一条长绳，人远远地（　）着，（　）鸟雀下来（　）食，（　）到竹筛底下的时候，将绳子一（　），便（　）住了。

[研析]

在这个片段的教学过程中，让学生反复朗诵，体会用上动词、形容词的语言效果，通过抓住“春”“夏”“秋”不同季节的景物特点，按照从低到高的顺序，从味觉、视觉、触觉等多角度分析文章，体会“百草园是乐园”的思想主题，最后让学生在读中真切地感悟语言的生动性以及语言与主题的关系。这般开发文本，考虑文本的语言特点，有的放矢地进行语言训练，课堂效果很好。叶圣陶说“教材无非是例子”，但同时也说“教材又是很重要的例子”。如何利用好这个“例子”，是每一位语文教师应该思考的问题。教师依托教学目标，删减、修改、重组、延伸、再创造文本，不仅可以让学生学到一些基本的语文知识，更重要的是能让学生学到学习语文的过程，丰富了语言的底蕴，鲜活了语文阅读的课堂。

（二）有层次渐进地研读文本

语文教学主要培养学生的感受、理解、积累和初步运用语文知识的能力，这是语文的综合能力。就文本而言，与其相匹配的“感受、理解、积累和初步运用”的能力，学生能一蹴而就、自然形成吗？当然是不能的。这种能力不仅不是一蹴而就的，甚至会在这样的“感受、理解、积累和初步运用”中存在着“脱链”和“真空”。如果不能有层次渐进地研读文本，语文教学便很难前行。

[举例]

部编版七年级语文课文《外国诗二首》中，美国诗人弗罗斯特的《未选择的路》：

黄色的树林里分出两条路，可惜我不能同时去涉足，我在那路口久久伫立，我向着一条路极目望去，直到它消失在丛林深处，但我却选了另外一条路，它荒草萋萋，十分幽寂，显得更诱人，更美丽；虽然在这条小路上，很少留下旅人的足迹。那天清晨落叶满地，两条路都未经脚印污染。啊，留下一条路等改日再见！但我知道路径延绵无尽头，恐怕我难以再回返。

也许多少年后在某个地方，我将轻声叹息将往事回顾：一片树林里分出两条路，而我选择了人迹更少的一条，从此决定了我一生的道路。

[研析]

单就学生的阅读经验而言，他们是很难在文本的具体语言中体会到“我在那路口久久伫立”“我却选了另外一条路”“我难以再回返”“我将轻声叹息将往事回顾”语句中“观望、选择、继续前行、回顾”等诗句内容的渐进性的。在这一教学过程中，教师可巧妙地拓展学生的思路，激活学生的已有经验，进行个性化地读、思、说、写，丰富诗句的文本内涵，让学生在感受文本意蕴的过程中，走进课文情境，阅读课堂会因学生充满灵性的表现而生机勃勃。这样，学生不仅获得了对文本的体验，更重要的是在逐层渐进研读文本的过程中，形成了语文阅读能力。

（三）收放适度，感受文本中闪光的思想

语文阅读教学固然需要超越文本，但如果操作不当，便很容易造成“散乱的活跃”局面，因此，有必要“回归文本”。语文阅读教学中的回归文本，既有利于加深学生们对文本中字、词、句的理解，使其在不知不觉中获得积累，从而更具有“语文意味”，又能进行必要的“价值引导”，体现语文的“人文性”和语文的“文道统一”，特别是后者，更需要强化“回归文本”。

[举例]

在《丑小鸭》的教学活动中，教师可以这样设计延伸训练：

（1）“在鸭群和鸡群中他处处挨啄，被排挤，被讪笑……后来，丑小鸭还受尽严冬的折磨，差点被冻死。”试问在这样的打击面前丑小鸭是怎样做的？

答：在这些打击面前，丑小鸭始终不屈不挠，相信自己，以乐观的态度对待艰难困苦。他相信即使身处逆境，经过不懈追求、努力进取，美好的

理想一定能实现，幸福一定会来到身边。

（2）经历了一番磨难的丑小鸭终于变成了受人欢迎的白天鹅，这时候，你最想对他说什么？

答：只要我们有理想、有追求，并为着目标而努力奋斗，即使身处逆境也不要紧，“金子总是会发光的”。

［研析］

这两个问题的设计，是为了引导学生领悟课文的思想内涵，由谈丑小鸭（丑小鸭始终不屈不挠，相信自己，以乐观的态度对待艰难困苦。他相信即使身处逆境，经过不懈追求、努力进取，美好的理想一定能实现，幸福一定会来到身边）到谈自己（只要我们有理想、有追求，并为着目标而努力奋斗，即使身处逆境也不要紧，“金子总是会发光的”），学生的思想认识在深入研读文本中得到提升。如果说掌握字、词、句、中心思想，是对文本的回归，也可以说是“收”，那么由文本的主题思想引发的自我思考，就可以称为“放”。收放适度，研读文本，既可以培养学生对于语言的感受力、审美力，又可以让学生获得情感体验，品味和感悟生活，取得很好的阅读效果。

三、在研读文本的过程中提高学生语文阅读能力的途径

（一）提升认识，重视文本阅读

《义务教育语文课程标准》强调在语文教学中尤其要重视培养学生良好的语感和整体把握能力。要做到这一点，就离不开读文本。读书是语文教学永恒的话题。阅读要有层次——学前初读、学中品读、学后赏读。要注重感悟个人的独特体验，尊重学生的阅读感受。坚持“以读为本”，引导学生学会“读书”；尊重学生的情感体验，引导学生学会“思考”；引领学生掌握阅读方法，养成阅读习惯，锤炼阅读思维；引导学生学会在文本中“积累”。

（二）创设情境，激发兴趣，在文本学习中让学生动起来

文章不是无情物，作者在写作时倾注了强烈的思想情感。读者也应为有情人，因此教师在与学生一起研读文本时，就要用美读或是充满激情的语言来唤起学生的情感体验，鼓励学生回忆、联想和想象，以自己的生活积累和生活经验越过文字这座桥梁，和作者会面，“和作者的心情相契合”。深切感悟文本的思想内涵，引起情感共鸣，触发情感体验，使其在喜怒哀乐之中得到升华。这样，学生对每篇文章的学习就都会有新意，都会有兴趣。

例如在教《羚羊木雕》一文时，教师可先请几名学生表演，然后由形象入手，让学生谈谈剧中人物的是非曲直，上升到理论高度。这样，由文本产生共鸣，并引向情感深处，在自己的切身经历中去反思。在教《从百草园到三味书屋》时，先用美读来引领学生感知体会冬天雪地捕鸟的乐趣，再让学生结合生活，回忆自己所经历过的“比捕鸟更有趣的事”。稍作准备后，学生一个个先说为快——有钓鱼的，有采摘的，他们非常积极踊跃地表现自己。其实，像这类由文本引发出来的情境随处可见，只要我们善于发现、善于挖掘，就会在创设情境的文本学习中激发学生的学习兴趣，让学生真正动起来。

（三）学会整体感知、品味、领悟文本

平时上课常常出现教师提出问题，没有人回答；所答非所问；讲课没有讲到点上等现象。这些现象都是因为教师或学生缺乏把握文本的能力。一般来说，教授一篇文章，要分析三个问题：文章中写了什么？怎样写的？为什么这样写？通过这三方面的分析，便能够整体把握文章，能够准确地分析出课文的特点和学生所要掌握的知识。

分析文本时，应从文章的有机整体出发，只盯住文章的局部、枝节，或单层面孤立地讲某些“精彩片段”，缺乏整体观照，便不可能探究到文章的深层意蕴和内涵魅力，而是要立足于整体观照文章，把文章作为一个有机

整体来考察、解析。

对文本解读的过程，要经过感知、品味、领悟三个阶段。感知是对文章的整体把握。关注“写什么”，要了解文章的主体形象，把握文章的情感基调。品味是对文章的具体分析与理解。关注“怎么写”，包括表层理解和深层理解。表层理解，是对文章字面和文体外观的理解，即词句、典故、各种修辞手法、文体的表现手法、节奏、韵律等；深层理解，是通过对段落、层次、思路的分析达到对文章深层的思想、意蕴的把握。领悟即冷静地回味鉴别，对文章进行研究，作出价值判断——“为什么这样写”，这样就能分析出文章的内涵以及作者的写作特点了。

（四）在文本阅读的迁移训练中提高阅读能力

在阅读教学中，如果某段文字是写学生上网的利弊，那么就可以请学生以“网”为话题谈一谈自己的感受，学生就会联想到关系网、人情网、法网等与社会实际联系密切的话题，这样就能在文本阅读的迁移训练中积累丰富的素材，开拓学生思维，提高阅读能力。

例如，在教授《珍珠鸟》这篇课文时，教师在和学生品读完课文以后，可以借助多媒体在屏幕上呈现两幅画，第一幅是珍珠鸟停在树杈上，背景是大自然，第二幅是一只珍珠鸟被关在笼中。当第二幅图画压上第一幅图画时，学生们都被深深震撼了。随即，在凝重的气氛里，教师可以进一步引导学生思考：如果你手上停着一只鸟，你会怎么办？看了这两幅图后，你们有什么感想？于是学生们议论纷纷：有的说给予自由才是真正的关爱；父母的约束让自己有活在鸟笼中的感觉；学校两点一线的生活、繁重的学业，让人感觉生活在鸟笼中……在这堂课中，教师引导学生深入研读文本，拓展了他们的思维，以“笼”为突破口，也激发了他们阅读文本的欲望。

总之，“阅读教学是学生、教师、文本之间对话的过程”。在教学中，教师要充分发挥师生研读文本的潜力和创造性，让学生积极主动地参与课文的研读，从词到句到段落再到文章，读懂文本、读透文本。只要教师潜心研读教材，立足教材文本，引导学生在感悟、品评中积累语言，培养语感；在探究、想象中放飞心灵，思载千里，鼓励学生把眼中所看、心中所想都倾吐表达出来，那么就能变“要我阅读”为“我要阅读”，就能在回归文本和有效研读文本资源中提高学生的语文阅读能力。

读写结合——提高学生写作水平的有效策略

■ 李雪花

为了弥补学生作文中的章法缺失，使作文教学行之有效，我们特尝试将写作与日常阅读教学结合起来，以提高学生的写作水平。

一、《义务教育语文课程标准》中学生作文的发展方向

《义务教育语文课程标准》中对七至九年级学生写作的基本要求有一点是：根据表达的需要，围绕表达中心，选择恰当的表达方式。合理安排内容的先后和详略，条理清楚地表达自己的意思。运用联想和想象，丰富表达的内容。

从七年级学生的写作现状来看，作文的突出问题就是缺少章法。他们写出的文章选材往往不能突出中心，详略安排不当，语言不够生动。为了弥补学生作文中的章法缺失，使作文教学行之有效，我们特尝试将写作与日常阅读教学结合起来，以提高学生的写作水平。

所谓“有效”，主要指通过教师一段时间的教学后学生获得的具体进步或发展。所谓“教学”，是指教师引起、维持或促进学生学习的所有行为。鲍里奇在《有效教学方法》一书里提到，教师进行有效教学时至关重要的五种教学行为是：“清晰授课、多样化教学、任务导向、引导学生投入学习过程、确保学生成功率。”在这些教学行为的引导下，我们从学生的实际出发，特开展了如下教学行动。

二、读写结合，提高学生作文水平的具体策略

（一）悉心备课，驾驭教材

语文教材的特点是把阅读与作文分开了，但用心琢磨，若将语文课本与作文训练相结合，那么学生的写作水平必会有较大的提高。这就要求教师认真备课，有选择地、合理地将阅读与作文教材合一。比如《第一次真好》一文，选材、立意和详略安排很有特点，所以就以此文为突破口，引导学生体会作文中的选材、立意及详略。

只要教师在备课时多留心，大胆驾驭教材，就会找出阅读与作文的契合点，从而将二者结合起来教学，使读写相长。

（二）深挖精凿，抓住实点

备课是要找准阅读与写作的结合点，课堂教学则是实践的主战场。针对七年级学生的年龄特点和实际写作水平，教师在引导学生学习时就要抓住实点，即点不要大，学生学后真的有所得。比如在学习《羚羊木雕》一课时，将语言描写与阅读相结合，主要引导学生体会 27~35 自然段的语言特色。在课堂上，引导学生分析作者所用的标点的表情达意作用，提示语的前后变化，语态的描写，并与教师出示的修改稿相比较，如此就可以较容易地分析出语言要出彩，就要注重语态，就要变换标点，就要不断地变换提示语的位置。然后让学生写语言描写的片段，使其思维模式变为感性—理性—实践，学生的写作水平就会切实得到提高。

只要教师在教学时抓住细枝末节，引导学生关注点滴，学生便很容易接受，长久学习，就会有章可循。

（三）读书写作，联系生活

《义务教育语文课程标准》中对七至九年级学生写作的基本要求是：写作要有真情实感，要多角度观察生活，发现生活的丰富多彩。将阅读与写

作结合，除了驾驭教材、抓住实点，还要联系学生的生活实际，让学生发现生活、感受生活，这样才能提升学生的写作兴趣。比如在学习《济南的冬天》一课时，学生通过分析文段 3 的语言，体会要想把景物描写得更出色，就必须抓住景物的特点，运用生动的动词、形容词，通过联想、想象，并运用恰当的修辞方法，再从课内到生活，让学生概括家乡冬天的特点，先小组讨论再全班交流，最后落到笔头。学生的兴趣一下子就被提起来了，写起来也就更加得心应手了。

李雪花在给学生们讲课

作文即生活。教师在引导学生学习写作时，只要将作文与生活密切结合起来，再辅之教材的章法，自然就会出现不少佳作了。

（四）把握理论，更要实践

将写作与日常阅读教学相结合，既有助于学生对教材的深入把握，又有助于其对写作章法的理解，但不可忽略实际写作这一环节，否则只会是纸上谈兵，没有实效。而写这一环节，正是学生实践的关键环节。若不能完成 600 字的文章，那就可以采取片段组合式写法，即练好首尾、过渡、描写、选材剪材、确定中心，将各个环节合起来，不就是一篇完整的大作文了吗？

我们在引导学生练习时，可按照：“仿句—仿段—仿篇”的顺序来设计，这样学生写作文的章法就会逐渐显现。比如在讲到《春》时，教师侧重让学生仿写后三段的句子；讲到《济南的冬天》时，除了侧重仿写句子，也要重视写作顺序的练习；讲到《从百草园到三味书屋》时，要注重引导学生写出传神的动作；讲到《第一次真好》时，要引导学生学习作文的谋篇布局。

这样通过“句—段—篇”的训练，学生的写作水平就会日益提升。随着年龄的增长、阅历的增加、思想的成熟，到八、九年级时，学生的写作水平必会突飞猛进。

（五）去粗取精，提升信念

读写结合，能让学生有章可循地写作，但这并不代表学生的写作水平会一下子得到彰显。因为这本身就是一个循序渐进的过程，而在这个过程中，提高学生的兴趣是不可或缺的。学生的兴趣提高了，写好作文的信念感就会加强，心理上的畏惧情绪也就会消失了。因语文与生活密切结合，除了要提升学生的兴趣，关键的一点还是要让学生在实践中感受快乐。这就要求教师在阅读学生所写内容时，要更多地发现学生作文中的闪光点，要通过多种途径表扬学生，哪怕只是一个好词、一个好句，如在评语中表扬学生，给全班学生读好句，张贴作文榜等。通过多种形式的鼓励让学生有信心写作，这样对提高学生的写作水平也会起到事半功倍的作用。当然，学生的写作水平难免参差不齐，但聪明的教师注重的是挖掘。试想，有哪个人不喜欢自己的劳动成果被他人认可呢？学生亦是如此。

其实，只要我们拥有一颗善于发现的心，去粗取精，让学生多一些成功的喜悦，少一些失败的挫折感，学生岂能不爱上写作？兴趣加章法，学生的写作水平能不提高吗？

三、读写结合的实效性

经过一个学期的初探尝试，学生们的写作水平确实有了一定程度的提高。从他们的习作中，教师可以看到课文章法的体现。

例一：

有一天，我写完作业，给妈妈看，妈妈说：“写得还不错，一看就知道有鬼注意，说吧，什么事！”“玩电脑。”我小声地说。可是妈妈大声地说：“玩什么电脑，下周四要考试，去复习去吧！”“您就让我玩吧！”我深沉地说。妈妈还是没有同意。“我写一份保证书，下次不考85分以上我就把电脑封起来。”我用请求的语气说。妈妈这才让我玩了一个小时的电脑。

例二：

我终于写完作业了，高兴地大喊一声：“妈！我写完作业了！”“拿来我看看。”妈妈显然没有我那么开心，严厉地说。我马上跑到妈妈面前，轻轻地把本子递过去，绕到妈妈后面轻轻地给她捶起背来。“怎么，无事献殷勤，一定有什么事求我吧？”她得意地笑了笑。我赔上满脸笑容说：“妈妈，我想看一会儿电视！”“什么！”她瞪圆了眼睛，“看电视！下周五就考试了，还敢看电视！”“就一小会儿。”我带着撒娇的语气说。“一小会儿，一分钟也不行！”妈妈的声音充满了严厉。我着急地恳求妈妈：“要不然，我写一个保证书。”“保证什么？”看样子她有些心动。“保证我中考3科90分以上。”她若有所思地想了一会儿，说：“好吧，就让你看半个小时，只有半个小时啊！”我高高兴兴地看电视去了。

四、关于读写结合的几点注意事项

一是训练要有系统性，切不可东抓一把西凑一下，这就是对教材的系统驾驭。二是对课文的把握要深刻、细致。三是除了阅读课内文段外，不可忽略阅读课外文章，内外相补，教学相长。

经过半年的尝试，我们认为将阅读与写作结合起来，是提高学生写作水平的有效途径。我们的目的是抛砖引玉，真心希望学生这块玉会在教师的砖上绽放异彩。

语文名著阅读指导实施过程的研究

■ 陶亚静

众所周知，阅读教学在语文教学中具有重要的地位和作用，通过对学生阅读能力的培养，可以很好地提升学生的感知能力、理解能力，发展学生的思维，同时也能很好地促进学生语言表达能力的提升。而名著阅读在阅读教学中更是具有举足轻重的地位。名著是“具有推崇价值的有名的作品”。经典名著的价值在于典范语言的熏陶，在于心灵的滋养，在于对人类精神的终极关怀。那么如何充分利用经典名著的价值，帮助学生提升语文核心素养呢？我们在教学实践中针对名著阅读指导的实施过程做了一些积极的尝试和研究，目的就是激发学生的阅读兴趣，提升学生的阅读素养。

一、以激发学生名著阅读的兴趣为切入点

我们常说：“兴趣是最好的老师。”学生进入初中阶段，随着学习任务的加重，对于阅读的热情和兴趣也会随之降低，要想有效地将学生引领进经典著作的广阔天地，仅凭“强推”是不行的。这样做不仅无效，更有可能浇灭学生心中对阅读的最后一点热情之火。可是教材编制上确实有对名著阅读和考查的要求，那么怎样才能有效地向学生推荐名著作品呢？经过反复思考和对学生的观察，我们根据本学期教材内推荐的名著书目，有意识分阶段地将不同的名著作品带进课堂，看似无意地将书放在讲台上，日复一日，学生就会对教师所带的书产生兴趣，会好奇地翻看或向教师询问有关名著作品的问题。也可在课堂上选取恰当的时机给学生朗读一段书中

的内容，不要过多，只读其中引人入胜的情节片段，这一处理方式会进一步激发学生的阅读兴趣。还可以把书借给兴趣浓厚的同学阅读，限定时间，提高学生的阅读效率，并请阅读过的同学在全班做好书推荐或阅读分享，从而在班级中营造阅读经典的氛围，逐步引领全体学生走进名著作品的阅读活动中。

二、以开展丰富多彩的读书活动为主线

陶亚静

学生的阅读兴趣被激发出来是做好名著阅读指导的前提，但初中阶段学生的思想复杂多变，很容易被周围的环境所改变和影响，也很容易被身边的一些人或事分散精力。要想让学生对名著保持较高的阅读兴趣和阅读热情，就要多给学生创设阅读的氛围和情境，而开展丰富多彩的读书活动就是一种行之有效的举措。比如在阅读《西游记》的过程中，教师可组织学生开展“西游故事我来讲”故事会，学生可以选择个人讲故事的方式，也可以选择小组分工讲故事的方式，擅长表演的同学还可以采用表演的形式将《西游记》中的精彩情节呈现出来。这样既加深了学生们对《西游记》中情节的印象，又进一步激发了学生们的阅读兴趣，同时也给不同特点的学生搭建了锻炼和展示的平台。接下来趁热打铁开展“西游故事我来画”活动，鼓励给书中人物画漫画，突出人物的特点，或给印象深刻

的情节做连环画，能力较弱的学生可以绘制西游手抄报，然后分年级对作品进行展示，评选出优秀作品并给予奖励。读完整本书后还可以组织学生写书评，自由表达对人物形象、小说主题的理解与挖掘。这一系列的读书活动，既丰富了学生的语文学习，也提升了学生的阅读能力，发展了学生的思维。又如在阅读《海底两万里》的过程中，可以开展学科融合阅读指导活动。在阅读过程中寻求生物、地理、物理等学科教师的参与和帮助，组织学生开展“海底大探秘”活动。各学科教师带领学生进行一系列相关探究，然后由语文教师指导学生撰写研究报告，并在全班范围内开展交流。做完这些探究后，教师再引领学生回到作品中，看看小说中的人物在海底两万里的探险过程中是如何想的，又是如何做的，与自己做的研究成果进行对比，从而进一步理解作品中的人物形象，体会这部小说所体现出的严谨的科学探究精神。总而言之，只有以多种形式的阅读活动为主线，才能更好地保持学生的阅读兴趣，进而指导学生深入地开展阅读。

三、以行之有效的阅读方法为抓手

任何学习活动缺少了方法的指引都无法取得好的效果，名著阅读指导亦是如此。经典著作在历史文化的长河中经过千淘万漉走到了今天，犹如浩瀚星空中一颗颗耀眼的星辰，高悬不灭，熠熠生辉。这些作品的文学价值、艺术价值以及思想价值如果不能很好地让学生领悟与接受，未免太遗憾了，也就失去了名著阅读的现实意义。因此，语文教师在指导名著阅读的过程中一定要帮助学生培养良好的阅读习惯，总结有效的阅读方法，使学生终生受益。比如在指导学生阅读《朝花夕拾》的过程中，可以以《藤野先生》和《阿长与〈山海经〉》为例，引领学生局部精读作品，通过对藤野先生帮助“我”的几件事和阿长给“我”买《山海经》的情节，抓住对学生有所触动的内容，深入细致地带领学生对人物进行分析。特别要让学生认识到对人物形象的分析与理解不能只停留在表面或一个侧面，而要多角度地展开分析，从多个层面认识和理解人物，进而感受人物精神的可贵。另外，也要让学生认识到阅读名著应养成“细读”的阅读习惯。比如在《从百草园到三味书屋》这篇文章中，有一段对寿镜吾老先生读书的细节描写，而学生在阅读中很容易将此忽略掉。此时，教师可引导学生驻足此处，细细品味这段描写的作用。通过分析，学生认识到这里对老先生读书入神样子的描写，是体现先生给“我”在学习方面作出了榜样，明确学习固然是苦差事，但也要学会沉浸其中，享受苦中之乐、苦后之甜。通过对这段描写的分析和指导，学生感悟到阅读要讲究读思结合，这样才是有意义、有价值的阅读。

作为新时代的语文教师，我们要引领学生真正走进名著阅读的广阔天地，认识经典著作的丰富内涵，培养学生的思辨能力，让优秀的传统文化不随历史的足迹而尘封。这是语文教师应该也是必须承担的责任！

初中语文情境阅读教学策略研究

■ 韩秋艳

《义务教育语文课程标准》指出："工具性与人文性的统一，是语文课程的基本特点。"我曾做过这样的统计：上课时积极回答问题的学生仅占23%，经常不回答问题的学生占26%，无法融入课堂游离于课堂之外的占3%。如何让学生在掌握知识的同时好学、乐学，进而全面提高学生的语文素养，是我一直苦苦思索的问题。孔子说："知之者不如好之者，好之者不如乐之者。"于是我进行了创设语文教学情境的尝试。

所谓语文教学情境的创设，指的是在教学过程中为了达到既定的教学目的，从教学需要出发，引入制造或创设与教学内容相适应的具体场景氛围，引起学生的情感体验，帮助他们迅速而正确地理解教学内容，促进他们的心理机能全面和谐地发展，以提高教学效率。在语文教学中注重情境创设，就是为学生创造一个语文学习的"场"，在这种"场"境氛围里，学生融入其中，有利于激发学生的感悟与创造性思维的开发，有利于学生进行自主、合作、探究式学习，有利于发挥学生的联想、想象力，使学生的思维处于一种兴奋状态而积极参与到语文学习中，感受语文学习兴趣的回归。这样不仅有利于学生对语文基础知识与基本技能的掌握，更有利于学生对文章内容的理解和健康向上的情感、态度、价值观的形成。

一、理论基础

建构主义认为，知识不是通过教师传授得到的，而是学习者在一定的情境即社会文化背景下，借助学习获取知识的过程中其他人（包括教师和学习伙伴）的帮助，利用必要的学习资料，通过意义建构的方式而获得的。

在建构主义学习环境下，教学设计不仅要考虑教学目标分析，还要考虑有利于学生建构意义的情境创设问题，并把情境创设看作教学设计最重要的内容之一。

建构主义提倡在教师指导下的、以学习者为中心的学习，也就是说，既强调学习者的认知主体作用，又不忽视教师的指导作用，教师是意义建构的帮助者、促进者，而不是知识的传授者与灌输者。学生是信息加工的主体，是意义的主动建构者，而不是外部刺激的被动接受者和被灌输的对象。学生要成为意义的主动建构者，就必须发挥主体作用；教师要成为学生建构意义的帮助者，就必须发挥指导作用。

在《义务教育语文课程标准》的指导下，教师不仅要教育学生为完成任务而刻苦学习，还应该进一步帮助学生喜爱这门学科，由被动学习变为主动学习，从而提高学习的效率。通过创设学习情境，让学生产生浓厚的兴趣，由兴趣引导学生学习。

二、创设有效学习情境的教学策略

教学策略可以为教学提供一种方向性的“指南”。好的策略可以帮助和指导我们创设高效、优质的学习情境。结合教学实践，在语文教学中创设有效学习情境的策略主要有以下四个方面。

（一）导入情境

“好的开始是成功的一半。”新课伊始，教师如果能通过巧妙地导入设计，调动学生的积极性，创造出学习、竞赛、思考、优美等各种与课堂教学目标相对应的情境，那就为一堂好课奠定了坚实的基调。

在讲授说明文《中国石拱桥》一课时，我做了这样的尝试。

师：出示眼镜桥的图片。

同学们，这座桥像什么？

生：像数字3、像两扇门、像眼镜……

韩秋艳

师：大家的想象力简直太丰富了，这座桥就是因为像眼镜，所以才得名为眼镜桥。这座桥在历史上曾经创造过不小的奇迹呢，大家想不想听听关于这座桥的故事呀？

生：（异口同声回答）想。

师：1982年7月23日，日本长崎发生特大水灾，房屋倒塌，交通瘫痪，一天内夺走了几百人的生命。灾后统计，县内所有的现代化钢筋混凝土桥梁全部被冲毁，而有一座古老的石拱桥却安然无恙。这座桥就是——眼镜桥。从此，这座桥就成为国家重点文物，被称作“日本最古、最有名的石拱桥”。为什么眼镜桥会让日本专家感到“不得了的冲击”呢？

生：因为洪水冲毁了各种建筑，而这座桥却安然无恙。

师：这只是原因之一，还有一个原因是：这座桥是我们中国人在380年前建造的。1634年，中国僧人如定用中国的拱桥技术设计并指导建造了这座眼镜桥，是中国的拱桥技术创造了奇迹！我国是石拱桥的故乡，眼镜桥只是中国石拱桥的一个缩影。在我们的中华大地上，有许许多多石拱桥比它结构更坚固、形式更优美、成绩更惊人。为什么我国的石拱桥有这样惊人的成就？它的奥秘究竟在哪儿呢？（在我的层层引导下，学生们感受到做一名中国人的骄傲，产生了求知的欲望）

师：这节课，我们就来认真品读中国桥梁专家茅以升写的《中国石拱

桥》，探索中国石拱桥的奥秘。（学生们带着崇敬和期待的心情进入了课文的学习）

再如教授纪伯伦的《雨之歌》时，教师先播放了一段雨声，让学生感受雨中的美好境界。接着语言导入“听，这是我们熟悉的雨声，它是大自然的恩赐，从遥远的国度而来，滋润世间的万物，给人带来无限的情思。春雨温柔多情，夏雨狂野奔放，秋雨飘逸且清高。雨，感动着一颗颗敏感而多情的心灵，成为诗人笔下的主角。古诗中有很多写雨的佳句，哪位同学能来说说你知道的关于‘雨’的诗句呢？”学生们争先恐后地说出了自己积累的有关“雨”的诗句。学生说完之后，教师肯定了学生善于积累的学习态度，接着说：我们感受过古人笔下多姿的雨，朱自清笔下温柔的雨，今天就让我们来听一听著名诗人纪伯伦的《雨之歌》。这样就很巧妙地引出了新课的教学。

所以，为使学生快速进入课文，教师就需要开动脑筋，要先了解学生的口味，只有在一开始就吊足学生的胃口，他们才会积极主动地学习，从而彰显课堂教学的魅力。

（二）巧于提问

著名教育家苏霍姆林斯基认为，真正的学校乃是一个积极思考的王国。教师作为教学的主导者，课堂上的巧妙提问既是激发学生登入科学殿堂的先导，又是促使学生探求知识的动力。所以就有人说：一堂好课往往起源于一个好问题，一个优秀的学生往往也在于他提出一个有价值的问题，是一个会提问的人。可见，教育教学中教师的提问显得尤为重要。

在分析汪曾祺的散文《昆明的雨》滋味之美时，学生找到了这个句子：

“乍一看那样子，真叫人怀疑：这种东西也能吃？！颜色深褐带绿，有点像一堆半干的牛粪或一个被踩破了的马蜂窝。里头还有许多草茎、松毛，乱七八糟！可是下点功夫，把草茎松毛择净，撕成蟹腿肉粗细的丝，和青辣椒同炒，入口便会使你张目结舌：这东西这么好吃？！”

学生很容易从比喻修辞的角度进行赏析，干巴菌外形的难看，与后文入口后味道的鲜美形成强烈的对比，写出作者对干巴菌美味的惊叹与喜爱。接着教师点拨学生：你们注意到这段文字在标点符号使用上的独到之处了吗？学生们吃惊地发现：①这种东西也能吃？！②这东西这么好吃？！句尾用了两个标点符号。教师提问：两个标点符号的使用使这两句话蕴含了怎样的感情？结合句子的内容，学生分析得出：①句作者看到外形难看的干巴菌，表达了一脸的厌恶之情，不相信这种东西也能吃；②句作者品尝到炒熟的干巴菌，惊喜于这东西会有如此美味，大大超出自己的意料。然后我让学生有感情地朗读，鲜香甜美的干巴菌仿佛就在唇齿间回味！

在讲授杨绛的《老王》时，我进行了如下尝试：首先让学生通读全文，思考读出了怎样的老王。学生读完文章后，能够感受到老王的艰苦与善良。接着问学生：老王所做的哪一件事最令你感动？为什么？通过深入具体地分析老王临终送我香油和鸡蛋的事情，加深了学生对老王善良性格的理解，也让他们明白了作者为什么在文章的最后说：那是一个幸运的人对一个不幸者的愧怍。学生深深地感受到自己也有责任关爱身边的小人物。

由此不难看出，在教学中只有充分发挥学生的主观能动性，发展学生的思维，学生才会乐学，教学质量才有望提高。

（三）演绎故事

学生智力的发展、技能的形成，常常借助于学习活动。在语文教学中，加强学生的实际演练，激活学生的思维活动，不仅可以加深他们对人物形象的理解和把握，帮助他们领会文章主旨，还可以激发学生学习的积极性，促进他们主动发展。例如在教授《孙权劝学》一课时，我让学生以小组的形式进行课本剧的编排和表演，课上提示学生可以从孙权是怎样劝勉吕蒙读书学习，孙权劝说的效果怎么样这两个角度来表演并感受三位人物各自说话时的口吻、神态、心理等。课下，学生找来服装，制作道具，精心地准备排练。课上，学生表演得惟妙惟肖，台下不时传来热烈的喝彩声。表演剧的形式使学生切身感受到孙权的平易近人，对部将要求严格，具有王者风范、善劝；鲁肃的爱才、敬才以及吕蒙的勤奋好学使他增长才干，令人刮目相待等个性特征。

许多名著都非常适合编排成课本剧，让学生来表演。如《西游记》中的三打白骨精,《水浒传》中的鲁提辖拳打镇关西,《三国演义》中的三顾茅庐，《红岩》中的绣红旗等。学生通过对课本剧的编排和表演，阅读和学习名著的兴趣就会被激发出来。在表演的过程中，学生找到了自信，体验到了合作探究的快乐，自然就会融入故事的情境之中。

（四）读文入境

古人云："书读百遍，其意自见。"读能帮助学生更好地理解课文中不懂的地方。一篇好文章，它的语言美和意境美仅靠教师讲是不够的，还需要师生对作品的品读体会。

如在教学《桥》一课时，可以这样指导学生分角色、有感情地朗读课文，体味文章中的情感。如：老汉沙哑地喊话："桥窄！排成一队，不要挤！党员排在后面"——老汉突然冲上前，从队伍里揪出一个小伙子，吼道："你还算是个党员吗？排到后面去！"老汉凶得像只豹子。——（小伙子是党员）是党员就应该把群众的利益放在第一位！于是他吼道——"你还算是个党员吗？排到后面去！"（生齐读）——老汉的态度是那样的坚决，他不容许党员损害群众的利益，哪怕是自己的儿子。——（生齐读）老汉吼道："少废话，快走。"他用力把小伙子推上木桥……

通过有感情地朗读，学生深刻体会到文中的老汉作为一名共产党员，忠于职守，尽职尽责，无愧于共产党员的称号；作为一个父亲，他和天下父母一样舐犊情深。在生死关头，老汉作出的重大抉择，表现出的大爱让我们为之动容。他的身上充满着崇高的人格魅力，闪耀着灿烂的人性光辉。学生被文中老汉的精神感动着、感染着、鼓舞着。

以人物对话及抒情为主的文章最适合选用“读文入境”的方法来阅读，比如文言文《愚公移山》、现代诗《沁园春·雪》、散文《春》、小说《孔乙己》等。这种方法有助于学生理解文章的内容，抒发感情，激发阅读兴趣。

我国著名教育家叶圣陶先生把“有感情地朗读”叫“美读”。他说：“所谓美读，就是把作者的情感在读的时候表达出来……设身处地，激昂处还他个激昂，委婉处还他个委婉。”真要读出情感来，并不容易。在充分读的基础上，教师的指导很重要，让学生在读中感知语言文字的丰富内涵，入其境，体其味，动其情，获得美的享受和艺术熏陶是提高语文学习效率行之有效的方法之一。

总之，教学情境是一种情境交融的氛围，一种由有形与无形组成的教学情意场。教师应在教学的过程中根据实际情况创设不同的情境，全程激发学生学习的积极性，拓展学生的语文思维，使学生的潜能得到充分发挥，个性得到充分张扬，为学生的可持续发展提供广阔的空间。

在语文全学科阅读中渗透美育教学

■ 葛欣慧

美育是素质教育的重要内容，其中既有促进道德的教育，又有促进鉴赏力的教育。在落实“双减”政策背景下的语文教学中，教师应根据美育的育人功能和素质教育的根本宗旨，适当地渗透美育，使受教育者的素质得到全面提高，从而达到育人的最高境界。

“双减”政策的实施要求我们自上而下地走出惯性区、舒适区，每一位教师都面临着怎样认识、怎样思考、怎样研究、怎样工作的新问题。我们在工作中坚持“问题导向”的教学思路，采用基于“问题现象”的教学模式，从问题到研究交互性递进，以案例研究法来分析教育中的重点、难点、热点，将全学科阅读渗透到小学语文的教学中，让学生得到全方面、多方位的发展。审美教育即美感教育，是培养人的审美能力、审美情操的教育，也就是美育。最早把审美教育作为一个独立范畴提出来的是德国著名诗人、美学家席勒。他说：“有促进道德的教育，还有促进鉴赏力的教育。”如能在语文阅读课上由教师引导，让学生学会细细体味，那么学生的审美能力会得到大大提高，同时也能提高学生的学习兴趣，从而达到教学的效果。为了使美育的情感教育作用得以发挥，我在语文全学科阅读教学中进行了渗透美育的探索。

一、灵活的教学方式体现变化的美

阅读是搜集处理信息、认识世界、发展思维、获得审美体验的重要途径。一成不变的教学方式容易使学生厌倦而产生疲劳、影响美感，在落实“双减”政策的背景下，我们对语文阅读教学推陈出新，使学生永远保持一种耳目一新的感觉，尤其在导语、结语的设计，教学内容的处理，教学方法的选择上都体现出多样化。比如在教学《日月潭》一课时，教师可以开门见山：“让我们跟着文中的小作者一起走进我国台湾省南部最大的一个湖——日月潭，欣赏一下那里的美景。”教学《葡萄沟》一课时，可以采用提问的形式：“同学们，你们去过新疆的吐鲁番吗？有谁吃过那边的葡萄干？谁能讲讲味道如何？”让学生将以往的生活经历与课文结合起来，产生美好的遐想。我们提倡根据学科特点和学生实际，灵活运用合作学习、小组讨论、动手操作、社会调查、社会实践等形式和方法，使课堂更具活力，让班级充满生机，把精神生命的主动权交还给学生，让学生有分配时间的主动权，有发表自己意见、表现自己个性的自由度，最大限度地发挥学生学习的潜在能动性，让他们从多方面的学习中获取知识，培养创新精神和实践能力。

葛欣慧

二、课堂互动，让学生感受立体的美

“双减”政策提出要让孩子们在快乐的学习氛围中学到知识，营造良好的、活跃的学习氛围的一个重要因素就是课堂教学要具有强烈的节奏感，从而让学生感受立体的美。语文阅读教学是一种有规律的传达和感受活动，应有高低起伏、强弱快慢、急缓张弛的变化，也只有这样才能扣住学生的心弦，引人入胜。我们认为，教学活动的节奏大致体现在以下三个方面。

（一）抑扬顿挫，让学生感受语言美

在阅读教学中，富有音乐感的节奏性语言能给人以愉悦感。心理学原理告诉我们，单调的声音刺激会使大脑皮层很快进入抑制状态。教学语言节奏感，是指在教学进程中，因我们内心情感的起伏而引起口头语言快慢、强弱、断续有致的变化，语气语调的刚柔、抑扬有机的结合。比如《刘胡兰》一文中的开头部分，教师应用低沉的语调，配合阴沉天气的环境描写，在朗读中衬托出人物沉重的心情。教师语言的节奏感还体现在目标处理上，在讲授重点和深奥之处时应放慢语速、增强音量，在一些容易理解之处，可加快语速。

（二）不拘一格，让学生体验变化美

教学传授的信息有疏有密，时间的分配有多有少，这样就会造成一种疏密相间、错落有致的变化，这种变化会使学生产生精神的愉悦。面面俱到、胡子眉毛一把抓既容易分散学生最佳的注意力，使感知强度减弱，造成浮光掠影、浅薄表面的问题，又易使学生兴趣索然。比如在教学语文园地爱阅读中《画家乡》一文时，由于文章文字浅显，没有必要在理解内容上花费大量时间，可讨论重点句，学生抓住图片体会人物所处的情感环境即可。二年级语文课本中只涉及简单的标点符号，通过标点符号的研读体会文本表达的意思，从而引导学生学习标点符号的使用，这样的教学显然比逐段讲解分析要科学。同时，教师要着眼于整体，抓住重点词句进行思维辐射，做到主次分明、疏密有间。

（三）动静互补，让学生感知和谐美

这里的“静”指的是教学活动中相对安静地聆听或思索；“动”指的是

教学活动中的一种活跃状态，如热烈的讨论、竞赛等。一味的静会使课堂气氛沉闷，而一味地追求动往往会造成课堂秩序的混乱。沉闷或混乱的课堂都是不美的，两者和谐而有机的统一才能既保持课堂的朝气，又维持课堂的秩序。

三、饱含激情，先进的教学手段营造教育环境的美

在语文阅读教学中运用现代化手段进行审美教育可以达到事半功倍的效果，通过声音、图像把课文中所描绘的形象生动、直观地再现在学生面前，可以使学生直接用感官去感知，从而加深情感体验。比如教学《黄山奇石》一文时，在介绍黄山美丽、壮观的风光时让学生看录像，使他们真正地领略石之奇：群山起伏高耸，云雾缠绕；雾的变幻之快、之奇、之美妙。同时让学生听配音朗读，学生自然而然地进入文的境界，陶醉在美的氛围中，达到了审美教育的目的。

四、拓宽视野，学以致用，让学生体验成功的美

开展语文阅读光靠课内的若干篇文章是有限的，只读课本，不广泛涉猎课外知识是不够的。课内是流，课外是源，要鼓励学生大量阅读，在阅读中提高审美能力。每天要设置固定的课外读物阅读时间，让学生诵读，在诵读的过程中感受文学作品的美。例如在学习《朱德的扁担》一文时，阅读课文后，学生们受到了美的教育，感受到了朱德同志以身作则的精神美。又如在教学《泊船瓜洲》后，结合班级同学爱看古诗、读古诗的特点，请同学们收集关于春天的诗并登台诵读。有同学背诵道："草长莺飞二月天，拂堤杨柳醉春烟。儿童散学归来早，忙趁东风放纸鸢。""篱落疏疏一径深，树头花落未成荫。儿童急走追黄蝶，飞入菜花无处寻。""天街小雨润如酥，草色遥看近却无……"背诵后，教师鼓励学生联系实际说一说，同学们兴趣很浓，因为他们在畅谈中体验到了快乐，体验到了美。

在学校教学中，教师要充分发挥课堂主渠道的作用，落实“双减”政策的要求，在语文阅读中善于引导学生认识美、发现美、创造美，满足学生对美的需求，充分调动学生的主观审美意识，使学生在学习活动中享受美、品味美、体验美，达到全学科阅读的目标。这样，在美的熏陶中，学生们既增强了学习语文的兴趣，也大大提高了自身的审美能力，使美育与智育、德育相辅而行，使其综合素质得到全面提高，形成美的人格和心灵，从而达到育人的最高境界。

激活名著阅读　润泽学生心灵——初中语文名著导读教学策略研究

■ 刘亚静

在现行教育模式下，学生课业负担越来越重，他们没有额外的精力来应付考试之余的名著阅读任务；并且随着信息技术的快速发展，相比于原著的完整阅读，学生们更加容易被电子产品上的文字片段或是音视频吸引，从而导致对名著碎片化的学习，忽视了原著的魅力。

一、指导性阅读的内涵概述

阅读名著是初中学生学习语文的重要环节。部编版教材主编温儒敏说过这样一段话："教育者的责任就是想办法让孩子们读一点经典，可以用孩子们能够理解的方式去读，获取对于人类精神文明的尊严，学会向善和担当，不要过早陷于时尚的、物欲的泥淖。"名著阅读能够培养学生的阅读能力、写作能力和沟通能力。在课程改革不断推进的背景下，我们应该利用语文课外阅读来培养学生的语文素养。但是过去，阅读给学生的反馈不明显，学生对于阅读的体验滞后，导致许多学生无法建立起一个完整的课外阅读学习体系。所以，构建一套行之有效的课外阅读模式是当前初中语文教学的重中之重，也是当下应该关注的问题。

二、名著阅读的教学原则

阅读的重点之一就是让学生爱上阅读，如果不读，整本书阅读就无从谈起了。在阅读过程中，教师的作用是非常大的，他们需要带领学生去读、去感悟。卡尔维诺曾说过："经典就是用来重读的书，而不是正在读的书。"因此，将经典名著读通读顺、反复阅读文本，并对文章的重要信息进行提取整合是非常重要的。通过对书中人物进行角色扮演，学生们可以领会自己所扮演人物的心理活动，也可以通过绘制思维导图的方式将自身的理解更加直观地呈现出来。为此，在名著阅读教学中，我们应当坚持以下原则。

（一）学习共同体原则

学习，不仅是个体内在的心理活动，它是在一些具体的情境和社会环境下人与人的交流互动中进行的，而环境包括很多，如家庭环境、学校班级课堂环境和社区社会环境等。学习共同体强调要给学习者提供围绕学习目标的社会交互式的机会，当然不单指合作学习。学习者在这样一个交互式的平台上通过多种层次的活动来实现自己的学习目标。

（二）目标内容集中性原则

教师应当明确教学阅读目标，克服语文教学的随意性，要调动学生的阅读兴趣，使学生充分发挥学习的主观能动性。同时，要兼顾课程改革的重点，让学生适当保留一点自由阅读的空间，让他们的爱好和潜力能在相对宽松的个性化阅读中发展。

（三）"三位一体"相结合原则

新课标强调，在语文学习的过程中，学校应该积极争取社区、政府等的支持。在名著阅读方面，学校要加大对图书馆中名著书籍的投资和购买，家长要树立阅读意识，加强对孩子阅读习惯特别是名著阅读习惯的培养，比如带孩子一块购买图书，然后和孩子一起制订阅读计划，平时多和孩子进行阅读方面的交流等。

三、激活名著阅读的策略分析

（一）遵循多读书、好读书、读好书的原则

中华文化博大精深，古今中外的名著数不胜数。作为名著阅读的指导者，除了初中语文必修的十余本名著教材外，教师应当对相关名著进行筛选，有目的、有计划地挑选适合学生阅读的名著，激发学生的阅读兴趣。同时，教师亦应当提升学生的名著素养，这符合初中生身心发展的特点以及文学教育的意义。例如《钢铁是怎样炼成的》，它向我们传递了爱国精神、奉献精神，坚韧、不向命运低头的毅力以及实现人生价值目标的追求。其所传递的是一种时代精神的综合，既包含了面对困难时不畏惧、迎难而上的态度，亦包含了对人生价值的追求；既涉及对事业的无私奉献，亦教导学生对理想信念的坚守与执着。

（二）发挥教师的引导作用，培养学生科学合理的阅读模式

在指导学生阅读名著时，应当将精读、略读、跳读等方式结合起来。阅读是需要方法的，并不是枯燥地将文章中的所有文字浏览一遍，而是应该把握文章的中心，对于体现作者内心思想的语句应当精读，利用“中心段”“中心句”来理解文章的行文结构以及思路逻辑，而对于文章次要信息可以略读。名著一般篇幅较长，少则几万字，多则几十万字，完全精读是不可能的，大部分情况下，对名著的阅读还是以略读为主。另外，对于不重要的部分，可以进行浏览和跳读，快速扫描文字，就是我们通常所说的“一目十行”。在阅读整本书后，学生应该对要点有清楚的了解。在阅读过程中，要做阅读笔记。值得注意的是，阅读指导模块应在引导学生阅读经典著作时发挥示范作用。例如，在阅读《鲁滨孙漂流记》的时候，指导学生可以根据事物的发展过程分析人物，然后分析语言特征，同时特别注意每一章首句和尾句的内容，以及它们之间的呼应关系，快速掌握每一章的大意；抓段意，找出各段的中心句；或者可以以时间为主线，掌握鲁滨孙

落难荒岛的具体过程；在读完书后开展小组讨论，谈论读后的感受，学生在读完后也可以写下自己的读后感，争取读后有所收获。

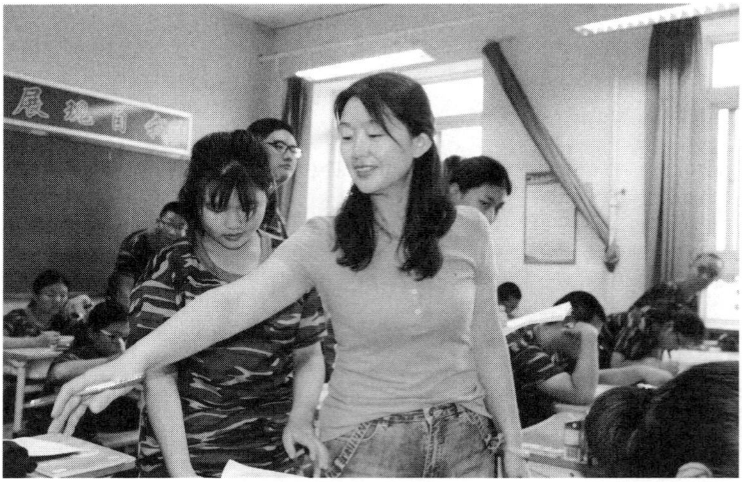

刘亚静在给学生们批改作业

（三）丰富名著导读活动形式

交流是思维碰撞的老师。在日常教学中，为了激发学生的阅读兴趣，监测名著阅读的效果，课堂教学可以采取多样化的阅读形式。例如开展名著阅读主题班会，可以小组为单位，借助多媒体软件，让学生畅所欲言地表达自己阅读名著的感悟。又比如可以开展名著阅读竞赛、分组制作名著阅读手抄报以及创办社团、表演名著精彩篇章等，在《西游记》的主题探索性学习中，学生被引导选择更多激动人心的章节进行精读，然后根据情节内容自由想象并选择最令人兴奋的继续写作，引导学生对《西游记》中的人物形成自己的看法并探究原因，以培养他们独立分析和思考问题的能力。

（四）使用图片和视频指导阅读经典

随着现代媒体的发展，在初中语文经典教学中应重视图片和视频的使用。因此，我们可以借助图片或视频来激发学生的学习兴趣。如在教授《刘姥姥进大观园》时，向学生展示“大观园”的图片和视频内容，学生借此产生联想，从而更好地感知文本，进一步引导学生阅读《红楼梦》。随着信息技术的发展，在初中语文阅读教学中，也应注意使用脍炙人口的小说或文章来指导教学，或者以经典录像带的形式学习知识。例如，我们可以使用诸如《西游记》和《骆驼祥子》之类的影视作品,《百家论坛》之类的综艺节目，以从对话中获取知识，引导学生从多种角度解读作品，从而更好地了解作品的魅力。

（五）建立导读和交流经典作品的平台

初中经典阅读教学与经典阅读交流平台密不可分。初中语文教师可以从以下两个方面建立经典阅读的交流平台。一是创建班级阅读角。班级阅读角可以放置从学校图书馆借来的书，也可以放置学生自发分享的书。在班级阅读角，初中语文教师可以定期发布推荐的书、出色的阅读感悟和读书笔记，以指导学生正确选择符合自己知识水平的书。通过阅读角创造良好的阅读条件和阅读氛围，引导学生在浩瀚的书海中遨游并成为快乐的读者。二是提供经典阅读和共享指南课程。实际上，初中生业余时间的缺乏、阅读氛围的缺乏以及经典作品的晦涩难懂，都导致他们很难静下心来阅读名著。因此，初中语文教师可以定期与学生分享经典阅读和共享教程。师生可以通过集中阅读经典著作来分享和交流阅读经验，解决初中生在阅读中遇到的问题，养成积累精彩段落的习惯。学生可以随时发表评论，也可以随时提出问题，教师要引导初中生积极整理和总结阅读内容，使学生在融洽的氛围中阅读经典，让经典阅读之花绽放。

综上所述，对每一本名著的导读其最终目的都不是单一地让学生提高应试技能。在阅读的过程中，学生通过和读者的倾情对话可以完成知识积累、能力提升、过程建构、精神成长等目标。语文学习的关键就在于阅读，阅读习惯的养成不在于一朝一夕，亦不在于一本两本的泛读，而是需要读者的日积月累。作为初中教学课程，语文教学应发挥其得天独厚的优势，帮助学生养成阅读的习惯，从而提升学生的综合素质，传递社会正能量。

初中语文开展主题式教学实践探究

■ 刘　颖

在《义务教育语文课程标准》的指导下，初中语文教学的内容和目标都发生了一些变化，由传统的知识教学向能力教学转变。在这个过程中，教师应更加注重培养学生对于知识的运用能力，注重教学环节的设计，注重提升课堂教学效果与整体质量。而在主题式教学模式的指导下，初中生能够提升语文学习的积极性，在把握重点的基础上形成一系列完整的语文知识体系，以提升自己的语文知识水平。

一、初中语文主题式教学的含义

所谓的主题式教学，指的是教师在进行教学工作时，深入结合学生的认知基础和学习习惯，融合教材内容和教学目标，在此基础上挖掘教材中的哲学或文化主题，进而开展教学工作。在这个过程中，教师所应把握的主题区别于传统的课文主题，要更加注重文章的灵魂，是串联多篇课文的钥匙，也是这些课文的情感密码。教师通过这种方式进行教学，能够串联起多篇文章，促进学生情感上的共鸣，升华文章的主旨大意，帮助学生增强自身的知识储备，提升人文素质。

二、初中语文开展主题式教学实践的策略

（一）灵活多变设定主题

为了提升主题式教学的教学效果，广大初中语文教师需要根据课堂内容

设定灵活多变的主题。教师要结合当前“以人为本”和“立德树人”的教育理念，选择更富有深层含义的教学主题。具体来说，教师可以从写作训练、阅读训练、口语交际训练以及文学作品鉴赏训练等方面选择主题，在选择时还要综合考虑课堂进度和章节内容，提升主题选择的灵活性和教学效果。

例如，在进行八年级语文教材中“新闻报道”这一课时的教学时，教师通过观察发现，初中生对于新闻报道类体裁的文章兴趣不高，平时也没有更多的接触。究其原因，是新闻报道类题材侧重于时政消息、社会新闻等内容，这与初中生活跃的思维不相符合。然而，新闻体裁的文章对于训练初中生的写作能力十分有帮助。为此，广大初中语文教师可以设定一些新闻写作的主题，然后围绕着这一主题开展各项教学工作，提升学生的写作能力。

（二）统筹读写落实主题

在初中语文课堂教学过程中，课文朗读是一种必不可少的教学手段。在教学诗词、韵文的过程中，教师可以通过引导学生的朗读方式，帮助学生感受诗词中的音乐美，理解文章所要表达的思想感情。在进行朗读训练时，教师需要确定朗读的主题，引导学生把握好朗读的情感基调，以提升朗读教学的有效性。为此，广大初中语文教师首先要与学生一同分析诗词原文的内容，让学生了解文章的主旨大意，更好地把握朗读基调，避免出现机械朗读的情况。例如，教师在带领学生学习《七律·长征》这篇诗歌时，就可以通过带领学生朗读的方式进行教学。而在朗读之前，教师要引导学生把握好“逆境中的革命斗争精神”这一主题，让学生理解毛泽东写这篇诗歌的意图和诗歌所表达的对胜利的渴望，以及坚定的革命信念。只有通过这种方式，学生才能够理解面对困难始终有着坚定的信念以及不惧牺牲的革命精神。之后，教师再带领学生朗读，就能够让学生把握好朗读时的情感基调，从而更好地理解和学习好这篇诗歌。

（三）创新主题活动形式

在以培养学生形成良好的行为习惯为主题的微课教学活动中，教师可以在微课里面用真实案例来诠释良好行为习惯对个人、对社会产生的影响。

在开展主题式教学的过程中，广大初中语文教师要结合当前的教学资源，通过多种方式丰富教学主题，创新教学形式。随着互联网信息技术的不断发展，微课教学在课堂教学中扮演着越来越重要的角色。而在主题式教学的过程中，利用好微课进行教学对于广大初中语文教师来说也有着十分重要的作用。教师可以利用微课向学生展示一些经典案例，通过一些典型人物的塑造让学生意识到榜样的作用。例如，教师可以通过微课向学生展示日本漫画家宫崎骏的绘画习惯。教师在多媒体上向学生展示，宫崎骏十分注重观察生活中的景物，在观察之余也会用绚丽的色彩来对这些景色进行描绘。同时，教师还可以将中国优秀传统文化中有关良好行为习惯的论述融入微课教学中，让学生明白“勿以善小而不为，勿以恶小而为之”“三人行，必有我师”等道理。除此之外，教师还可以在微课中向学生展示生活中的一些不文明现象，以此来帮助初中生养成良好的行为习惯，提高他们的综合素质。

刘颖在给学生们讲《论语》

综上所述，在新的教育改革背景下，主题式教学法对于提升初中语文课堂教学效果有着重要的作用。广大初中语文教师要结合实际情况，科学选择教学主题，丰富教学手段，不断帮助初中生提高自身的语文核心素养。

语文课外阅读指导的探索与研究

■ 马建梅

阅读能力的强弱往往是衡量一个人语文水平、文字表达能力的重要标准。过去，中学语文只停留在“为考试而学习”的层面上，师生只关注考试解题的技巧与方法，而课外阅读往往被说成“看闲书”。仅凭学生的成绩来评价其语文水平，便会使他们缺少课外阅读的动力，极易造成学生阅读的迷失，不利于培养学生良好的阅读习惯和审美情趣。因而，在中学语文新一轮课程改革中，《义务教育语文课程标准》提出了“培养学生广泛的阅读兴趣，扩大阅读面，增加阅读量，提倡少做题，多读书，好读书，读好书，读整本的书。鼓励学生自主选择阅读材料”的要求。

语文课程应致力于学生语文素养的形成与发展。自觉地阅读课外书是学好语文、掌握科学知识的基础。一个人的知识包括直接经验和间接经验，而大量的间接经验是从课本和课外阅读中获得的。因此，切实指导好课外阅读，引导学生好读书，诚不失为提高学生语文素养的一条根本途径。

一、学生课外阅读的现状

我们通过问卷调查、课外观察、访谈等形式对北京市昌平区第五学校学生当前的课外阅读现状进行了调查汇总，形成了一个相对直观的认识。

（一）课外整体阅读情况令人担忧，总体阅读率呈现持续走低的态势

抽样调查显示，学生图书阅读率连续多年走低，差不多有 80% 的学生

不怎么读书。以求知为主要目的的课外阅读现状又如何呢？在北京市昌平区第五学校初中三个年级进行的问卷调查及访谈显示：

（1）阅读的重要性：认为越来越重要的占 87%；越来越不重要的占 5%。

（2）阅读兴趣和目的：喜欢课外阅读的占 75%；提高语文水平，更好地进行考试的占 50%。

（3）阅读时间：每天阅读的占 3%；每周阅读的占 10%；每月阅读的占 9%；基本不读的占 70%。

（4）阅读计划：有计划、有选择、有收获的占 10%；无计划、无选择性、盲目的占 90%。

（5）阅读数量：（一学期）读 10 本以上的占 5%；读 5~10 本的占 7%；读 1~4 本的占 8%；读 0 本的占 80%。

（6）阅读的类型：喜欢看通俗读物的人数超过喜欢读文学名著的人数。尤其令人关注的是，高中语文课程标准向高中学生推荐阅读的文化经典著作和语言文学理论著作遭受冷遇。在对课程标准要求阅读的文学书目的调查中，阅读 10 本以上的只占 11%，阅读 5 本以下的占 56%，全部看过的没有。

（7）家长态度：支持的占 20%；家中有订阅报纸杂志的占 5%。

以上调查可见，大部分学生喜欢课外阅读，也认识到课外阅读能够提高语文水平、增加知识、陶冶情操。但从阅读计划看，学生的课外阅读存在很大问题，如无计划、没有养成做读书笔记的习惯，这些也将直接影响课外阅读的质量；从阅读数量上看，一学期读 10 本以上的占 5%，80% 的学生一学期一本书都没有读。这种阅读率持续走低的态势与课程标准阅读要求中的高中“课外自读文学名著（10 部以上）、科普书刊和其他读物，不少于 300 万字”，相距甚远。

（二）课外阅读总体阅读率呈现持续走低态势的成因

（1）功课紧张，没有时间，尤其是毕业班的学生。

（2）一些推荐读物反映的都是几十年甚至几百年前的生活，难以在中学生心中引起共鸣。

（3）部分教师和家长不但不加以引导，反而制止学生阅读课外书。

（4）媒体的多元化。看着电视长大的一代中学生，不喜欢阅读传统纸质出版物。

（5）不少中学生的阅读是和考试的功利性目的相关的，等达到这些目的或发现这一目标在短时间里难以企及时，自然就弃书不观了。

（6）阅读出现快餐化倾向，读书越来越少地以获取知识为目的，而是以休闲娱乐为目的。

从中学生读书少甚至不读书的原因分析中不难看出：现在的中学生并非不喜欢阅读，主要问题集中表现为阅读内容的选择，阅读目的的确立，阅读时间与学习时间的冲突、处理等方面。在这种情况下，为了贯彻落实新课标的要求，中学语文课外阅读指导该如何展开呢？

二、中学语文课外阅读指导

在“大语文观”和开放的语文教育体系下，课外阅读不再是语文教育的“点缀”，不能再局限于小课堂，只有构建课内外结合的语文教育体系，给学生创造一个广阔的语文学习空间，才能有效地提高语文学习的效率。正在全面铺开的新一轮课程改革给中学语文课外阅读赋予了新的内涵。但在实际操作中，我们发现课外阅读的盲目性、随意性很大，普遍存在“三重三轻”的现象，即“重数量轻质量、重兴趣轻引导、重内化轻外化”，课外阅读没能真正落到实处，实施效果不尽如人意。

在中学语文新一轮课程改革中，怎样才能让课外阅读真正落到实处，让课外阅读成为学生今后可持续发展的助力呢？这就需要教师引导，让良好的阅读习惯在学生身上扎根，让阅读化为学生的血脉与骨髓。

马建梅在辅导学生功课

（一）诱发兴趣

第一，指导学生了解中学生课外阅读现状，进而分析这样的现状会给今后的学习、生活带来的影响，如开展“中考状元与课外阅读”等的相关调查。通过调查，让尖子生们现身说法，提升学生的阅读意识。

第二，进行“名人与阅读”的读书调查，引导学生正确认识，并深入探析课外阅读的意义，激发阅读的兴趣，形成阅读的原动力。其实，进行大量的课外阅读是一些知名人士通向成功的必由之路。要让学生明确无论从事什么职业，伟大的梦想都是从读书开始的，从而诱发自觉阅读的兴趣。

（二）自选读物，辅之以导

第一，还学生一个自由阅读的空间。课外阅读的要义在于让学生在自主的阅读中获得可持续发展的助力，其前提是学生的自觉、自愿。美国语言教学理论家克拉申特别推荐一种阅读方法——随意自愿阅读，即“随意自愿阅读是自愿进行的一种阅读。读自己爱读的书，不用写读书报告，要求在每章阅读后回答问题，也不要求查阅生词，碰到不爱读的书就放下，去另找一本”。他认为，如果能坚持这样做，“阅读和写作水平就会得到提高”。只有让学生找到自己真正感兴趣的作品，他们才有自觉投入的动力。但自由不等于放任，教师要指导学生根据自己的阅读兴趣，对阅读材料进行自主选择。正如别林斯基所说：“阅读一本不适合自己阅读的书，比不读还要坏。我们必须学会这样一种本领，选择最有价值、最适合自己需要的读物。”

第二，要给学生真正自由选择的空间，教师的阅读亦应与时俱进，在此基础上，才能更好地指导学生。若有人问“学生中现在最流行的读物是什么”，可能绝大部分教师只能支吾以对。的确，繁重的教学任务挤掉了教师们阅读充电的时间，使大部分教师的阅读体验停留在了“陈芝麻烂谷子”中，这却也正好挖深了与学生阅读交流上的鸿沟。

对中学生的阅读现状，我们应给予一定的宽容与理解。对于阅读一些校园文学、网络书籍等，我们不妨把它当成紧张应试教育压力下的一种缓解与调适。等到了寒暑假，有了相对宽裕的时间，则应倡导学生拿起经典名著来读。事实上，中学生的阅读带有阶段性，到了一定的年龄阶段，他们会自己否定自己，比如喜欢言情小说的学生，过一段时间会对言情小说故事雷同、情节单一产生厌倦，继而进入较高的阅读层次，况且流行文学也有自身的价值。

可见，新课程标准的实施给教师带来了严峻的挑战。课程改革下，教师不仅要“洗脑”，还要阅读“充电”，这样才能运用多学科知识解决任教学科的新问题。更重要的是，教师可以从这些流行作品中与学生产生思想和情感的共鸣，如此在指导课外阅读时才能更好地主动出击。

（三）读之求法，方能有所悟

课堂上阅读结论的求同性，是不符合阅读的一般规律的。课外阅读应该让学生的个性、情感得到张扬。只有认识阅读的个性化特点，才能还学生独立感受、理解、欣赏和评价的权利，放手让学生与文本自由对话。一方面，我们可以根据学生的阅读兴趣、读物的类型、学习时间的不同，提倡“多读书不求甚解”，也可以提倡“精嚼慢咽”。另一方面，与学生一起探讨课外阅读的方法，放飞想象的翅膀，让学生在主动积极的思维和情感活动中，加深理解和体验，有所感悟和思考，受到情感熏陶，获得思想启迪，享受审美乐趣，以求形成个性化的阅读，有效地保护学生阅读的能动性，引导学生自主阅读、自我领悟、分析探究，以养成良好的阅读习惯。苏霍姆林斯基曾说：“在人的心灵深处，都有一种根深蒂固的需要，就是希望自己是一个发现者、研究者、探索者，而在青少年的精神世界中，这种需要特别强烈。”在形成良好阅读习惯的过程中，教师要培养学生发现问题、分析问题和解决问题的能力。当读书成为一种习惯，而习惯形成一种生存方式时，这样的生存方式最终就会影响一个人的命运。

（四）保持持续的阅读兴趣，方成习惯，方见成效

第一，利用学生的从众心理，巧借“头羊效应”。就是要创设读书的大环境，利用人的从众心理加以引导、催化。在学生中造势，让这几只“头羊”走进多彩的阅读空间，引领更多的人投入到阅读的大课堂中来。当年曾掀起的金庸、琼瑶热，就是如法炮制的。

第二，利用学生的猎奇心理。好奇之心人皆有之，利用好学生的猎奇心理，不失为保持持续阅读兴趣的坦途。

第三，与学生的梦想接轨。例如为作品的改编、导演提供舞台；开展名人名著有约、阅读交流、演讲、作文竞赛、文学作品绘画大赛等活动，让学生在活动中收获成功，显示课外阅读的优越性。

总的说来，在指导课外阅读中，教师只有引导学生摆脱课外阅读的被动状态或追求时尚的影响，对阅读材料进行自主选择；让学生在主动积极的思维和情感活动中，加深理解和体验，有所感悟和思考，受到情感熏陶，获得思想启迪，享受审美乐趣，形成个性化的阅读体验，才能让良好的阅

读习惯在学生身上扎根，让课外阅读伴随学生终身。

在调查、分析和实践的过程中，教师深知要扭转课外阅读不尽如人意的现状并非易事。但在艰辛的过程中，我们却可从自身做起，比如调整对课外阅读的陈旧观念，摆脱阅读目的的功利性，还学生一个自由阅读的空间；教师自身的阅读亦应与时俱进，消减阅读中与学生的鸿沟；让学生的多元思维、多元阅读结论在课堂中、在考试中有存活的空间。在阅读中适度地放，可能才是课外阅读可持续发展的更好土壤。

如何指导学生进行课外阅读

■ 陈艳丽

《义务教育语文课程标准》明确指出，阅读是运用语言文字获取信息、认识世界、发展思维、获得审美体验的重要途径。课外阅读作为语文教学的第二课堂越来越引起大家的关注，但初中生的语文课外阅读现状实在令人担忧。

近几年，我对所教学生进行追踪调查，发现存在的主要问题是阅读面窄、时间短、量少、不得法。超过 50% 的学生喜欢看卡通、漫画、言情、武侠小说，其次为文学名著，而阅读科技类书籍及报刊的学生数量最少。中学生阅读时间普遍较少，15% 的学生平均每周阅读 3 小时以上，25% 的学生平均每周阅读 2 小时以上，28% 的学生平均每周阅读 1~2 小时，还有 32% 的学生每周阅读时间不足 1 小时。对于鲁迅、冰心、老舍、曹雪芹、吴承恩、施耐庵、安徒生、格林等作家的作品，阅读过的学生所占比例较高，但我了解到，其实对于这些名家，他们也仅仅看过少量的几篇文章，根本谈不上深入的了解。此外，对于一些外国作家，只有少部分学生阅读过其作品。因此，如果语文教师只注重课内阅读而不加强对课外阅读的引导、督促、指导，那么语文教学就会走入死胡同，提高学生语文素养也只是一纸空文。

那么如何给予学生有效的指导，怎样去培养他们的阅读能力呢？结合教学实际，可以从以下三个方面来指导学生进行课外阅读。

一、激发学生有兴趣地阅读

激发兴趣，促成阅读。阅读兴趣是产生阅读行为的内在动力，而学生阅读兴趣的形成主要源于语文教师的激发。我们结合教学实际，利用每周一节的全科阅读课与平时的午读时间，给学生营造读书氛围，让学生有所收获，从中受到感染和熏陶。同时为学生提供表达自己读书收获的机会，通过经常性的读书交流活动，如读书竞赛、优秀读书笔记展示、自办手抄报等喜闻乐见的形式，让学生互学互进，让学生体验到读书的乐趣和获取知识的成就感，激发学生课外阅读的兴趣，促进学生把课外阅读当成一种自发的、渴望性的自觉行为。

二、读思结合，小组交流探讨

读思结合，特别是小组之间的交流探讨，对于阅读内容的深入、阅读氛围的营造、阅读习惯的养成都能起到良好的促进作用。放声读，将书面语言转化成口头语言，这是最普通也是用得最多的一种组织形式。但初中学生，特别是初一学生自觉性不太高，如果对这一方式把握不好，容易流于形式，最终会导致学生对所读材料缺乏深入的思考。正所谓“读”而不思则罔，所以读与思要结合起来，也就是要能对所读的书的思想内容有所感悟。我们经常利用语文阅读课让学生们把前一段时间阅读完的作品就其“怎样写的”各抒己见。可以是一部作品的不同方面，如《朝花夕拾》，可以批判封建思想、封建制度对青少年的毒害，也可以分析作者把叙

陈艳丽

事、写景、议论、抒情紧密地融合在一起呈现出千变万化的态势；可以是不同作品的同一方面，如通过比较《海底两万里》和《鲁滨孙漂流记》体会冒险精神，通过比较《钢铁是怎样炼成的》和《童年》谈谈怎样做人等。

三、培养学生“不动笔墨不读书”的阅读习惯

在阅读过程中，学生与作者、文本和生活之间存在着多种视界的融通，因此，教师要鼓励学生随时记下“智慧的火花”。一是批注摘抄。这基本是与阅读同步完成的，可不要小瞧这些小笔墨，它往往是探寻某个关键问题的钥匙，是发现知识宝藏的窗口，是大彻大悟的前奏。至于摘抄，建议学生准备阅读记录本以便识记和整理，书读得越多，摘抄也越丰富。二是写读后感。读完一本书，总会有自己的想法，教师要鼓励学生把这些想法及时地、有意识地记下来。这是批注摘抄的深入和细化，是实现学生与文本、学生与作者之间对话的过程。三是对作品进行再创造：仿写、续写、改写、扩写、故事新编……我们每学期利用作文课至少安排三到五次这种专项训练，既可以展示阅读效果，又能调动学生进一步阅读的积极性。比如指导学生把《艾青诗选》中的一些小诗改成散文；仿《朝花夕拾》中的文章写家乡的风土人情，想象自己就是小说中的主人公，续写一段故事；故事新编有《穿越到祥子身边》《新西游记》……在各种类型的写作中，学生既丰富了写作素材，又加深了对原作品的理解。对原作的再创造会使他们不自觉地模仿原作品的语言风格、叙事技巧，潜移默化地领悟了阅读中只可意会不可言传的东西，也只有亲身体验了写作的辛苦，才更易于感悟语言大师们精妙地驾驭文字的能力。

课外阅读不仅可以巩固课内所学过的读写知识，提高阅读和写作水平，还能拓宽知识面，培养自学能力。有效的课外阅读可以震撼学生的心灵，熏陶学生的人格，并内化为一个人的情感、素养和思想，为学生的终身发展打好基础。

我是这样让学生爱上阅读的

■ 赵新兵

人们常说：熟读唐诗三百首，不会写诗也会吟；书读百遍，其义自见；读书破万卷，下笔如有神。这就是说，读书多了，就知道如何读了，理解了其中的含义，也知道如何写了。如今，语文考试不单考基础知识，还要考阅读理解和写作。多读书，对于分析文章和写文章都是有好处的。

近年来，名著成为重点的考试内容，这就促使学生们不得不进行课外阅读。《义务教育语文课程标准》明确指出，要重视培养学生广泛的阅读兴趣，扩大阅读面，增加阅读量，提升阅读品位。提倡少做题，多读书，好读书，读好书，读整本的书。并且在总目标中对课外阅读的总量有了具体而明确的量化规定：九年课外阅读总量应在 400 万字以上。

让学生多读书，但并不是什么内容的书都可以让学生读。我们要引导学生读名著、读经典，读有启发性的或能够让学生树立正确价值观、人生观、世界观的名著。古今中外的名著经典是前辈们创造的美好的精神食粮，只有用它们来滋养下一代，才能保证他们成为更纯洁、更善良，具有美好心灵的健全的人，这也直接关系到我们民族以及人类后代的精神质量与生命质量。

在培养学生课外阅读的实践中，我们可以从以下几个方面入手让学生爱上阅读。

兴趣是产生学习的内在动力，因此要提高学生的阅读兴趣。也就是要通过多种方法和方式，让学生体验到阅读的乐趣和成就感。兴趣是后天形成的，因此教师的作用就显得非常重要。

要多给学生讲读书的重要性和益处。读书可以增长知识，提高修养，陶冶情操，学会处世，培养良好的心态，形成独特的人格。日积月累地去读，久而久之，就会像巴金老人说的那样“让自己变得更好了”。其次，可以用榜样来激励学生。古今中外，勤奋读书的名人数不胜数，我们可以用名人读书的故事来激励学生热爱读书。古有匡衡凿壁偷光，今有毛泽东书店苦读。把爱读书的故事讲给学生，“榜样的力量是无穷的”，自然就会引发学生的阅读兴趣。最后，就是要多夸奖学生。读书了就夸奖；读多了更要夸奖；读完后，有收获了，要大力夸奖，在夸奖中激发学生的阅读兴趣。

赵新兵在给学生们讲课

教师可以在课堂教学中的拓展环节多向学生推荐好的书籍。比如在讲到鲁迅的《故乡》时，会提到这篇文章选自《呐喊》。鲁迅先生借助文章在大声地呐喊：要平等，要自由，要文明，要人民有很好的生活。接下来可以引导学生读一读《呐喊》里的其他文章，看看鲁迅先生是在“呐喊”什么，并要求学生在下周课上告诉大家。这样一说，不少同学或上网查找文章，或到书店买书来读，一周内不少同学在课堂上向大家介绍了自己看了哪篇文章，看出了鲁迅先生在“呐喊”什么。一位同学说，他从《狂人日记》中看出了鲁迅先生的呐喊：这是一个吃人的社会，不能吃人！

把名著阅读作为切入点带动学生进行广泛地阅读。每册语文教材中，都有要求阅读的名著，比如《水浒传》。我会引导学生讲出一个印象比较深的人以及这个人给他留下最深印象的一件事，他又是怎么看待这个人和这件事的。后边讲的不能重复前边同学的。一节课下来，书中的主要人物都复习到了，同学们热情高涨、记忆深刻，进而引导学生以后课上也可以把读过的其他名著中的人和事介绍给大家。对于形象的人物、生动的故事的解析又吸引着一部分学生读了更多名著。

开展诗歌朗诵等多种活动也是调动学生阅读的好方法。比如举办一次诗歌朗诵会，以小组为单位，邀请任课教师当评委。学生们在朗诵中感受到了诗歌的魅力，陶冶了情操，激发了阅读兴趣。

为了了解、督促学生广泛阅读，我们还让学生将阅读题目每天记录在二号本（学校对作业本的编号）的后面。判作业时就看一看每个学生的阅读情况，对坚持的好的学生大力表扬，鼓励督促松懈的同学。从初一到初三，不少同学一直在坚持每天阅读，收获当然也是满满的。还可以利用班级小书架向学生推荐比较好的书籍。

为了让学生喜欢阅读，我们还通过电视、电脑等媒体提供音频、视频、图片等直观地展现作品的文本内容，从而引导他们阅读。比如在讲《我的叔叔于勒》时，在课堂上让学生听广播剧来了解课文内容，使学生很快进入情境，联想的大脑瞬间被打开了……

在引导学生进行广泛阅读的同时，还要教授学生阅读方法。读诗词时，要让学生出声音朗读，体会诗的意境和情感；读小说时，要让学生注意人物、环境、情节这三个要素；读散文时，要让学生慢读，仔细体会散文中的语言美，以及作者的情感。对于相同题材或体裁的多篇文章，还可以指导他们进行对比阅读，并在阅读后讨论。无论读什么类型的文章都要用“心”去读；无论读什么类型的文章都要动笔，圈点、勾画必不可少，最妙的是批注，摘抄也是很不错的方法。

总之，语文阅读是一个循序渐进的过程，不能操之过急或急于求成。初中语文教师应正确引导学生进行课外阅读，使学生得法于课内，得益于课外。把通向语文知识宝库的钥匙交给学生，让学生自己逐步学会打开这扇知识的大门，走进书籍的海洋，体验阅读的乐趣，提高文学素养和语文能力，并养成终身读书的习惯。

“闲书”不闲

■ 李　梓

曾经，书店里畅销的名著被各式各样的教辅材料取而代之。不少家长甚至有些教师都认为课外读物是“闲书”，花大量的时间阅读这些“闲书”得不偿失，特别耽误学习。大家对于“闲书”的定义，就是看对考试有没有直接帮助。如果没有帮助，那就是应该被禁止的“闲书”。看“闲书”耽误时间，是坚决不允许的。

这样一来，阅读失去了原本的趣味，只剩下功利性。学生自然失去了阅读兴趣，也就无法拓展阅读面，更谈不上提高语文素养了。无论从学生的长远发展还是学习实际考虑，我们都必须打破这一局面。作为语文教师，我们可以从以下四方面入手改变这种状况。

一、更新教学观念

《义务教育语文课程标准》对于阅读教学特别指出：“要重视培养学生广泛的阅读兴趣，扩大阅读面，增加阅读量，提高阅读品位。提倡少做题，多读书，好读书，读好书，读整本的书。关注学生通过多种媒介的阅读，鼓励学生自主选择优秀的阅读材料。加强对课外阅读的指导，开展各种课外阅读活动，创造展示与交流的机会，营造人人爱读书的良好氛围。”

要想提高学生的语文成绩，光靠做题是不行的。大量无趣地做题，只会让学生们渐渐失去对语文的兴趣。提高学生语文能力的办法有很多，但最关键的，当属读书，培养阅读兴趣。

李梓

二、给予方法指导

在以往的语文学习中，教材和教学都特别注重精读课文。教师在课堂上花大量时间，大力培养学生应试答题的技巧。学生虽然熟悉考试的各种题型，但是学生只会精读，阅读速度慢，不会运用不同的阅读方法去读不同类型的篇目。现在的新教材，注重多种阅读方法的学习，力求教会学生用多种方式阅读，比如默读、浏览、猜读、跳读、比较阅读、读整本书等。这一转变有助于挖掘学生学习的主动性与创造性，提高学生的阅读能力，培养学生的阅读习惯，让学生终身受益。

三、推荐优秀书目

新教材中有不少阅读材料，可以推荐给学生。结合初中三年级学生的年龄特点，可以对阅读进行整体规划，列出一个书单，给学生以积极的导向，让学生们从书单中进行自由选择。哪怕推荐了20本书，学生一开始只读了其中的2本，但只要唤起了学生的阅读兴趣，学生就会主动翻阅自己喜爱的图书。

在书单中，要重视安排经典阅读。也许由于年龄和阅历的关系，学生一时不能完全读懂。但这些经典是经过千百年历史筛选沉淀而来的，是人类智慧的结晶。学生阅读经典时，要沉得下心来，需要“打磨性子”。这就是“养性”，是涵养品格的过程。在设立书单时，也要综合考虑其他学科，征求学科教师的建议，选择合适的推荐书目，拓展学生的阅读面。

除了教师推荐书目外，也要了解学生们的想法，倾听学生们的建议。精心安排好每周的阅读课，允许学生们用自己喜欢的方式推荐自己喜欢的图书。在寒暑假期间，利用班级微信群，师生交流阅读的图书，并附上推荐语和读书感悟。这样做不仅交流了阅读感受，更拉进了彼此的距离。

四、鼓励海量阅读

不少家长甚至个别教师，总觉得看“闲书”一点用处也没有，恨不得学生每一分每一秒都在听写、朗读、背诵、默写、写作文……如果不是这样，学生就无法提高语文学习水平，更不能提高语文学习成绩。越是这样越适得其反，会让学生对语文越来越没有兴趣。

没有大量的阅读，就无法形成语文能力。研究表明，当学生的课外阅读量达到课本的四到五倍时，语文能力会慢慢形成。我们应鼓励学生选择自己感兴趣的书，多去读“闲书”，同时也要为学生创建自由阅读的空间。例如在校内打造书香班级，营造浓厚的阅读氛围。在班级中设立“图书角”，鼓励学生们带来自己觉得值得推荐的书，让学生自行设计图书借阅制度、借阅登记表、阅读卡等。利用午饭后的自习时间，让学生们享受午后阅读的“慢时光”。在班级内鼓励学生海量阅读图书，一学期下来，比一比哪一位同学阅读的图书最多。同时开展“漂流书香，传递智慧”图书漂流活动，图书内放置漂流标签，读者可将自己的阅读感悟写在上面，和后面的读者进行交流，达到阅读分享的目的。

同时要发挥家长的力量，使之与学生进行亲子阅读，一同选择图书，分享阅读感受，共同提高，拉近彼此的距离。这样可以让家长体会到阅读的好处，认可学生的课外阅读。

“闲书”，真的不闲。

“安能摧眉折腰事权贵”，一身傲骨的李白；“我以我血荐轩辕”，满怀赤子之心的鲁迅；“人的生命只有一次”，有着钢铁般意志的奥斯特洛夫斯基，他们让我们的内心久久不能平静。优秀书籍中的这些积极向上的精神，会对学生的道德品格起到升华作用，可以促使学生形成健全的人格。读整本书，不仅能增长知识，更是颐养性情，培养学生有始有终的做事态度。

读书，不仅是一种习惯，还是一种生活方式，更是一种可以不断滋养人、提升精神的途径。读书浸润人生，培养学生良好的阅读习惯，是为学生终身发展打底子。“闲书”里面有山水，开卷有益。

数学篇

感受数学之美　提升核心素养——谈全学科阅读教学

■ 魏建祺

要想全面提升学生的核心素养，阅读是一种重要的手段和途径。以前，人们往往在语文或英语学习中重视大量阅读以提高理解和写作的水平。其实对于所有学科，阅读都有重要的意义。它就像泥土之水、齿轮之油，让生涩的知识获得生机，让枯燥的学习充满温度。

人们常说数学语言简洁但是枯燥，没有阅读美感，读起来既不朗朗上口，也没意境可言。精练的词句，不带有感情，让人没有亲近感。其实在数学的学习中，教材只是把前人所有的智慧进行了归纳总结。我们只有通过数学的阅读，才能了解人类最高智慧的产生过程，冰冷的数字背后其实是有温度、有感情、有故事的。

一、数学阅读可以感受数学智慧之美

在语文阅读中，学生能通过阅读感受到文字的美、情境的美，而在数学阅读中，我们要感受的是智慧的美、灵感的美。数学的美不仅是和谐统一的公式，更是古人智慧结晶的闪耀。认识美、向往美、了解美，正是学生的兴趣所在。因此，带领学生通过阅读感受数学美的存在，是培养学生数学兴趣的重要出发点。

在小学数学阶段有三种数的认识：20 以内的数，万以内的数及大数的认识。从一年级入学认识 1~9 几个数字到四年级认识亿级的数。我们除了会读、会写之外，从没正视过它们的书写形式是如此的美。这种美需要从数学历史的阅读中探寻。我们的祖先曾经使用过各种不同的计数方法，但是随着时间的推移，其他的计数方法都被历史淘汰了。由印度人发明、阿拉伯人传播到世界的阿拉伯数字，因其简捷的符号计数形式以及更易懂的计算方式，迅速成为所有人使用的计数法则。使用其他计数法则，通常能完成简单的加减法计算，但是对于乘除法表达起来有很多困难。因此，1~9这几个阿拉伯数字，是历史长河中脱颖而出的代表，是古人智慧的选择。而这些知识，只有在阅读的基础上才会有所体会。几个阿拉伯数字承载了人类对数学的选择，是数学智慧的美。

魏建祺

数学不仅仅是古人群体智慧的选择，更拥有大智慧者灵感与创造性的闪光。比如在四年级数学中我们认识了加法交换律和加法结合律，我们常常会头痛于加法交换律与结合律的实际计算意义，觉得没什么可讲的，是显而易见和常识性的知识。实际上把两个运算定律应用得最妙的人是我们熟知的高斯。他在 9 岁的时候用了类似的方法算出了从 1 加到 100 的和。通过对数学书知识窗的阅读，学生便会觉得这两个运算定律竟有如此大的妙用。9 岁的高斯与三四年级学生差不多，这也更激发了学生们勇于探索的冲动。

数学是逻辑的艺术，就像很多美术中的艺术品一样，其背后的故事也是吸引人的一部分。每个数学公式、定理的总结，都是数学家们“雕刻”的结果。所以，阅读数学背后的故事，就是感受数学身后的魅力。

二、数学阅读可以全面提升核心素养

数学阅读不仅仅是对历史故事的翻阅，更体现在对资料的分析与推理上。从近年高考和中考的命题方向来看，数学中的资料阅读越来越成为一项重要的能力。通过阅读理解、信息提取、缜密思维、逻辑推理来完成解题过程，成了考查重点。因此，数学阅读既是考查数学核心素养的新平台、新载体，也是养成数学核心素养的重要手段。

小学阶段，最基础的数学阅读就是解决问题，通过几句话构造简单的情境，学生从中提取有效的信息，然后根据信息列出正确的算式并计算出结果。这一过程正是学生建立核心素养的过程。如四年级数学中有这样的情境：王老师到新华书店购买图书，买《中国之最》花了 272 元，每本图书 34 元。可以买几本书？通过阅读，学生要根据问题情境选择合适的方法，自己分析判断出两个数的数量关系，并选择除法进行正确的列式。这正是数据分析观念建立的过程。$272 \div 34$ 又是除法计算的知识，学生也正是在探索计算方法的过程中，对除法计算方法有了新的认知、新的构建的。通过体验和感悟，建立除法计算的基本方法和对类似除法商的数感。这既是对数感的培养，也是对运算能力的提升。多方面、多层次的核心素养考察，让数学阅读成为判断学生数学水平的重要方式。

在日常教学中，我们要以创设问题情境为导向，充分激发学生的阅读兴趣。美国心理学家布鲁诺认为，知识的获取是一个主动的过程。高质量的情境和问题设计，既能激发学生的主动性，也能使学生进行深度学习。就如买书的除法情境一样，学生自主发现问题，主动探索数字之间的联系，从而能更有效地激发学生的探索欲和求知欲。

三、数学阅读是“双减”工作的重要抓手

“双减”减轻了学生过重的课业负担，减少了大量的重复性计算，学生有了更多的可支配时间。那么，用多出来的这些时间进行有效的阅读，既能填补时间，又能提高学科能力。

在每个班级的图书架上，都有很多数学课外书籍。学生利用午自习以及课后辅导时间可以进行充分地自主阅读。很多阅读恰巧又和数学书上的知

识窗相呼应。比如教学“方程”一课时，课外读物中就有方程的由来及相关知识的介绍。学生在校园课后辅导的这段时间里，对数学有了全面的认识。相比之前的“只做题，不读书”的学习，现在的学习对知识的认识更全面、更立体。

在学习“大数的认识”这一单元中，课后阅读中提到了著名的棋盘分麦子的故事，有趣的数学故事激发了学生的阅读兴趣。棋盘分麦子的故事中最后的数字有 20 位，比我们学习的亿级要大得多，但是学生可以通过已学知识把这个数字读出来、写出来。利用这一个数进行数学知识的迁移和推理，比多做 10 道题更有效果。在“双减”背景下，这样的阅读充分提升了学习效果。

面对“双减”的大环境，教师要不断提高课堂教学质量，上好每一节课。同时，我们也要利用更多渠道让学生的知识获取更扎实。数学阅读是提升学生数学水平、增长数学见识的重要途径。我们要充分创造阅读环境，寻找适合学生阅读的书籍，给学生创造阅读的时间和气氛，同时引导学生进行有效阅读，让其体验到数学阅读的乐趣。因此，在提升学生的数学核心素养方面，我们要重视数学的阅读教学，要培养学生的阅读能力、分析问题能力、解决问题能力及运算能力。作为数学教师，我们不仅是数学知识的传播者，更应成为数学阅读的推广者，让阅读滋养学生成长，让学生的核心素养真正得到提升。

全学科阅读视角下的数学课堂优化研究

■ 刘　兵

阅读是人类学习的主要途径。现在，国家、社会和学校都高度重视中小学生阅读水平的提高，全学科阅读应运而生。全学科阅读对于学科学习有重要作用。尤其是对于枯燥乏味的数学来讲，如果能够准确把握全学科角度，将会是优化数学课堂教学的新方法。优化数学课堂教学是当前深化课程改革的关键和根本要求，同时也符合减轻学生过重负担的规定。

北京的一些学校已经开展了全学科阅读活动，促进教育改革，为教育事业注入新鲜血液，并且效果显著，成果可喜。这恰恰说明全学科阅读的可行性和有效性。我们要加大对全学科阅读的重视程度，把它和数学教学内容充分联系起来，创新、优化数学课堂教学。

当涉及整个主题阅读时，首先要强调的是“所有”这个词。在当前学校层面的倡导中，全学科阅读的“全”一般指向阅读对象的拓展、阅读内容的拓展和阅读领域的拓展，强调全员参与、全学科覆盖和全方位推广。然而，如果我们只了解这一层，恐怕就无法真正把握“一切”背后的深层内涵。全学科阅读的综合性，恰恰说明全学科助力改革数学教学必须和数学教学本质相结合。从增强学生自主学习能力和终身学习的目的出发，全学科阅读培养学生的数学素养，助力数学课堂优化进程。

一、全学科阅读的特点

整个学科阅读的“学科”意识应在正确把握和深入理解阅读素养和能

力目标的基础上，充分认识阅读的实践价值及其在学科学习中的基础作用。例如，在数学教学中，数学学科阅读往往和定理、公式等联系在一起。这就要求教师应准确把握教学内容和教学标准，把数学和阅读有机结合起来，不仅要重视阅读材料的可阅读性，也要注意阅读材料的数学学科特性，让学生们更能深入浅出地理解数学学科的本质。

二、全学科阅读视角下的数学课堂教学现状及问题

（一）全学科阅读视角下的数学课堂教学现状

1. 全学科阅读促进数学课堂氛围营造

情境教学可以说是新课程标准下教师教学中一种非常重要的教学形式。通过情境教学，可以为学生创造良好的教学氛围，提高学生的思维活动和参与积极性。然而，在引入情境教学的过程中，仍然存在一些误区，导致情境教学设计的情境化。全学科阅读可以结合学科语言和知识体系的特点，将数学教学内容从逻辑性强、思维性强转变成可阅读性强，这样可让学生更容易理解数学学科的内容，使学生更有兴趣，课堂更加充满活力。

2. 全学科阅读促进教学模式改变

学校教育主要培养学生的自主学习能力，但这并不意味着教师要脱离课堂，而是要在教学过程中让学生自己走。然而，许多教师对自主学习的理解过于片面，认为自主学习是学生自己的事，教师只要组织丰富的自主学习形式，让学生自主开展探究学习即可。教师在这一过程中并没有对学生作出一定的要求并进行必要的指导，学生的自主学习活动过于敷衍、没有目的性，学习目标不明确。这样的教学不仅不能达到自主学习的目的，还会浪费宝贵的课堂时间，降低课堂教学效果。全学科阅读让我们的学科课堂更加生动有趣，让学生不仅脑子动起来，心神也动起来，从而提高学生自主学习的能力。

刘兵在给学生们讲课

（二）全学科阅读视角下的数学课堂存在的问题

1. 课堂教学计划未与全学科阅读相匹配

全学科阅读就是以语文学科为主，渗透或与其他学科找到交叉点，找到最佳的阅读内容与形式，多角度、多层面地学习，提高能力。数学教学，一定要兼顾工具性和人文性，也就是在言语的背后发现其价值和意义。兼顾工具性和人文性并不难，难在如何将两点进行整合。在数学教学中如何巧妙地整合学习高兴点、逻辑生长点、生命拔节点、精神成长点已经成为数学教学思索和前进的重点，这就促使我们将数学学科和其他学科建立联系，找到相关的教学点，有主次、有层次、有逻辑地进行全学科的渗透。通过多种阅读、多面阅读、多形式阅读达到各学科知识间的整合，正确制订相应的课堂教学计划。

2. 全学科阅读的内容局限性明显

很多学校图书保有量少得可怜，完全达不到省、市所要求的生均图书的比例。虽然学校每年从公用经费中挤出一定的费用购买图书，但是仍然不能满足高速增长的招生规模。此外，许多学校还面临着缺少专用的阅读教室、缺少必要的阅读时间、欠缺必要的阅读知识和技能的指导与训练等各种问题。

3. 数学课堂与全学科阅读的联动性较差

数学是人类严格描述事物抽象结构和模式的普遍手段。它可以应用于现实世界中的任何问题。但数学学科充满了公式与数字，内容枯燥乏味，很难与阅读结合起来。大多数数学资料都是对公式的理解和定理的推导、证明，因此数学课堂上教师讲述的都是学习思路、学习方法、概念解释、定理证明等综合性的理科知识，很难与全学科阅读相联动。

三、全学科阅读视角下数学课堂优化的对策

1. 教学计划要落实全学科阅读实践

学校要以学科阅读为着力点，促进教与学方式的变革，改变学生的学习生态。教师要准确把握教学内容，精准帮助学生解决阅读问题，正确引导学生会读、会思，开拓和联系学生的生活实际，从而提高学生的阅读水平和自学能力。同时，硬件必须跟上，配备与数学相关的书籍资源，制订特定的阅读时间和阅读计划，让教师跟着学生走，全面帮助学生提高数学阅读水平，培养学生的数学素养。

2. 课堂教学要根据数学的学科特点拓展相关知识内容

全学科阅读的要旨在于引领学生阅读从“学习阅读”走向“阅读学习”，培育和提升学生的阅读素养，提高学生的学科阅读水平。有价值的数学应该是与学生的现实生活有密切的关系，对他们有吸引力，能使他们产生兴趣的内容。教师可以将阅读材料联系生活实际，让其在课堂教学中成为有效的学习资源，很好地帮助学生理解数学知识的实际意义。例如，借助《恼人的水痘》这样一个小故事，带着二年级的学生一边读图画故事，一边学数学。原来齐普的班级最近发生了一件烦恼的事情，就在大家齐心合力准备音乐节的合唱表演时，班里有人得了水痘。那么，合唱还能正常

进行吗？我为学生提供了一些阅读资料，让他们从中提取有用的信息，并加以分析，初步尝试着制作表格。同学们无比热情，发挥自己的聪明才智，展示了很多种制作表格的方式。这样，就在有趣的故事中，学生们解决了问题，同时也悄无声息地学会了收集整理数据的数学思维。再例如：我从实际生活出发，以乘坐地铁产生的实际问题入手。为了解决多坐几站要不要补票的问题，同学们需要阅读北京地铁线路图，以及票价、里程的相关规定，将复杂或者不熟悉的阅读材料转化成他们熟悉的数学问题，从而培养阅读理解能力、信息整合能力和数学思维。

3. 激活学生丰富的联想，教授学生阅读方法

学习是一个不断思考的过程，如果只纠结于文字表面，那会很困难的，尤其对于数学而言。如果没有联想能力，枯燥的文字和有难度的理论很容易让我们压力倍增。所以教师要善于联系生活中的实例，或者一些寓言故事，吸引学生的兴趣，激活他们丰富的联想，并教授他们阅读方法，正确进行阅读。例如，抓住“游世园会”实践活动的契机，及时对六年级学生的阅读能力现状进行调研，并分析得出一些有指导意义的经验结论，之后带领他们根据门票的相关优惠信息，制作世园会出行攻略，提高了学生解决实际问题的能力。

教育的本质是持续性发展，全学科阅读有利于帮助学生养成终身学习的好习惯。目前，我国正在大力推进中小学开展全学科阅读的教学探索。阅读的本质是学生从语言中获取信息，通过自己的理解、分析和处理，对这些信息进行归纳和总结，最终转化为自己的能力。教育者应坚持在小学各学科的学习中全面渗透阅读，使学生明白不仅语文需要阅读，数学也需要阅读，将阅读内容与数学学科内容进行有机联系，深化教学内容，加强学生理解，有效促进数学课堂优化。

小学数学教学中开展全学科阅读的途径

■ 冉国明

全学科阅读是近年来不断升温的教育热点话题，不仅在2020年新修订的普通高中各科课标中得到了突出强调，在中高考评价中也有极其鲜明的体现。海淀教科院吴颖惠院长指出："全学科阅读之'全'，意味着要超越阅读只从属于语文学科的狭窄观念，真正从个体终身学习、终身发展的角度，全面认识和把握阅读的重要价值和意义，将'阅读'从单纯的语文素养范畴转向学习能力体系，从长期占主导的文学性文本阅读，转向兼容实用类、信息类文本的阅读视域。"我认为，在小学数学学科中，可以从以下方面培养学生的阅读能力。

（一）小学数学课堂是培养学生全学科阅读能力的主阵地

传统的小学数学课堂，教师关注的往往是学生对于知识的掌握，而忽略了在数学课堂上培养学生阅读能力这一点。而在核心素养时代，高品质的阅读能力正成为学生素养生长的基石。因此，在数学课堂教学中重视数学阅读，培养学生以阅读能力为核心的独立学习的良好习惯，使他们获得终身学习的本领，是每一个数学教师都应该重视的问题。

1. 让学生在数学文本阅读中提高阅读能力

提到文本阅读，很多教师想到的往往是语文的课文阅读。其实，在数学课堂中学生的学习素材、学习材料更多是以文本的形式呈现的，比如数学实际问题、题目要求等。面对这些文本，不少教师急功近利，不愿意在课堂上花费时间让学生仔细阅读，不愿指导学生阅读方法，因此失去了最宝贵的培养学生阅读能力的时机。面对课堂上的数学文本，教师首先要肯于花时间、敢于花时间让学生充分阅读文本；其次要教给学生“圈画关键词”“适度标记”“阅读提纲”等阅读方法，引导他们读出字里行间所蕴藏的“精髓”，使得阅读成为学生解决问题、学会知识的重要助力。所谓“磨刀不误砍柴工”的意义就在于此。

2. 让学生在“读图”过程中提高阅读能力

《义务教育数学课程标准》指出：“要培养学生直接从图中搜集、分析和处理信息的能力。”北京版数学教材的特色之一就是通过形式多样、富有趣味性和可读性的主题图呈现数学信息。教会学生看图、读图，搜集有关的数学信息，有助于他们理解基本的数学概念；教师要培养学生有目的地按一定顺序观察画面。对学生的观察要求为表述要简练、清晰，让学生学会从数学的角度观察画面，从中选择有用的数学信息提出问题、解决问题。

冉国明在给学生们讲课

3. 让学生在数学文化史阅读中提高阅读能力

数学家朗之万曾说：“在数学教学中，加入历史百利而无一弊。”中华民族光辉灿烂的数学史是对学生进行数学教育的丰富材料。数学文化的内涵不仅表现在知识本身，还寓于它的历史之中。因此，作为数学教师，我们要结合教学内容把数学的文化史料渗透落实到课堂中，将其作为课堂教学的一个环节或者单独设计一个课时。例如，教师在进行“乘法口诀”教学时，可整合与之相关的历史文献，如《荀子》《管子》《淮南子》《战国策》中有关“九九口诀”的内容等。通过让学生阅读这些文献，引导其树立数学文化意识，多渠道体悟数学的内涵，增强数学阅读的兴趣，进而为培育学生数学核心素养奠定基础。

（二）小学数学课外阅读，是学生全学科阅读能力培养的重要补充

培养学生的数学阅读能力，不能仅停留在课堂上，也不能仅停留在阅读课本上，数学课外阅读也是一条重要途径。北京市昌平区第五学校购置了大量的数学课外读物，提供给了1~4年级的学生，将这些课外读物放在每个班级的图书角。每个班级的数学教师，都非常鼓励学生积极阅读这些课外读物，让数学阅读与他们如影随形。同时，我们还通过一系列活动激发学生阅读数学课外读物的兴趣。

第一，我是阅读“小达人”活动。充分利用课后服务时间，让学生在完成作业之余每人完成一本数学课外读物的阅读，完成的学生给予相应奖励。

第二，数学故事分享会活动。将自己看到的数学阅读内容，采用故事的方式演出来或讲出来，或者分享数学家的故事，为学生的数学阅读搭建展示平台。

第三，“我手画我读”活动。引导学生将数学课外阅读文本经过大脑思考产生的想象通过简洁的线条绘画出来，并开展数学阅读绘画展，从而实现数学阅读的进一步延伸。

总之，小学数学阅读是全学科阅读中的重要一环，作为数学教师，我们应不断拓展学生数学阅读的途径，让所教班级成为学生数学阅读的启动站、加油站、分享站、展示站和推广站，让数学阅读助力学生素养的蓬勃生长。

提高数学阅读能力，促进学生核心素养的发展

■ 刘　畅

数学阅读是学生独立学习数学知识的基础，是学生的核心素养之一。在学校的学科教学中，不仅语文、英语的课堂上涉及阅读，数学学科的课堂学习中也涉及阅读。教师重视数学学科阅读，对发展学生思维与培养学生核心素养都具有重要作用。然而，在课堂实施过程中，我们发现学生的数学阅读现状并不尽如人意。

苏联教育学家斯托利亚尔说过："数学教学也是数学语言的教学。"数学语言具有高度抽象性，数学阅读要从数学文本中获取信息，就需要对文字、符号、图形三种语言进行正确转译，并且能够对文本进行综合理解。基于此，我们需要研究学生数学阅读的现状，分析数学阅读障碍产生的原因，寻找提升数学阅读能力的策略，让学生从根本上认识数学，发展创新思维、抽象概括能力，以提高数学成绩，促进学生数学核心素养的发展。

一、小学生数学阅读的现状

（一）缺乏数学阅读的正确认识

说到阅读，人们一般想到的都是以语文、英语学科为代表的文学阅读。这也使学生在学校的阅读内容集中在人文领域，对数学方面的阅读涉猎较少，认为数学就是正确地解答问题。语文阅读能力决定数学阅读的质量，所以教学中往往存在重学科讲授，轻阅读指导，学生学习的主动性不足等

问题。长此以往造成了学生对数学阅读的轻视，这影响着学生当下的数学学习和未来的发展。

（二）缺乏数学阅读的能力

数学语言包括数学文字语言、图表语言和符号语言三种。首先，低年级学生正处于认字阶段，识字量小，理解力比较薄弱。因此，他们在阅读数学文字资料时，由于不理解数学信息中涵盖的内容，无法完整地提取有效信息，就无法用已有的知识经验来解决问题。其次，对于低年级学生来说，他们的读图与识图能力相对较弱，在面对各种类型的图表题时就会无从下手。再次，数学符号具有抽象性、严谨性等特点，不同的数学符号具有不同的意义，部分低年级学生对数学符号具有恐惧感，无法识别符号语言，这将对日后的学习带来严重的影响。

（三）缺乏数学阅读的兴趣

很多学生认为阅读和数学没有直接的联系，说到数学就是做练习，十分枯燥，故而对数学阅读没有兴趣。这也导致在日常学习生活中鲜有学生主动阅读数学学科知识的书籍，更有学生因为懒得动脑筋而远离数学课外读物，从而没有养成阅读数学读物的习惯。

二、培养小学生数学阅读能力的措施

（一）激发阅读兴趣，是提高学生数学阅读能力的基础

兴趣是最好的老师。数学学科的阅读素材与语文、英语学科相比，没有文学作品中动人的情节或引人入胜的画面，学生一般不会自发地对抽象的数学产生兴趣。因此，在指导学生数学阅读方法、提高学生数学阅读能力的过程中，教师首先要设法激发学生对数学阅读的兴趣，使学生认识到“数学阅读，不是为了完成教师提出的要求，而是为了更好地理解数学知识

的本质，寻找更多的线索而进行活动的”。如果学生对阅读数学材料毫无兴趣，那即使完成了阅读任务，也只是浅层学习，对学生理解数学知识、培养数学阅读能力都是毫无价值的。因此，激发学生的数学阅读兴趣、诱导学生产生数学阅读的愿望非常重要。例如在学习“数的认识”时，利用数学绘本故事引入，有效地创设学习情境，帮助学生沉浸在故事情境中，引导学生在课后主动查阅数的演变资料并进行阅读，使学生渐渐对数学书籍产生兴趣。

（二）掌握阅读方法，是提高学生数学阅读能力的关键

数学阅读和语文阅读一样需要方法。数学学科的逻辑性、严谨性和抽象性等特点，决定了学生需要更扎实地掌握技巧才能完成阅读。因此，在培养小学生数学阅读能力的过程中，我们有必要对学生进行阅读指导。

1. 动笔圈画

当阅读的数学信息之间的关系比较复杂、有干扰信息时，便可以指导学生对关键词句进行必要的圈画，以提醒自己这是解题的关键。如学生在学习“位置与顺序”时，引导学生圈画并标注出参照物及方位词，进行重点阅读、分析，方可准确把握。

2. 图文互化

数学语言有文字、符号、图形三种形式，但是这些表现形式具有一定的抽象性，对于刚刚接触数学知识的小学生来说具有一定的难度。因此，在数学阅读过程中，不同形式的数学语言间要进行转化，使其以更加直观、具体的形式体现出来。这样不仅能降低数学知识的难度，符合学生的认知水平，还可以让学生更加直观地进行数学阅读，促进其对数学题目的深化理解。例如，在“加减法的初步认识”学习中，教师可以引导学生画一画、摆一摆，以帮助他们理解题目中数量之间的关系。再通过数形结合的方法感知加法算式各部分的含义，从而使学生明确算理。所以在小学数学教学

过程当中，教师应将教学内容与画图相结合，以此达到强化学生画图意识的目的，培养学生在解决具体的数学问题时，能够学会运用图像提升解题能力。

刘畅

3. 咬文嚼字

由于数学语言的高度抽象性、精确性，数学阅读需要较强的逻辑思维能力。只有认真细致地进行数学阅读，精确理解数学语言所要表达的意思，才能正确解题。如“增加到 3 元”和“增加了 3 元”一字之差，表示的信息便截然不同。长期的咬文嚼字，能让学生在感受到数学严谨性、简洁性和规范性的同时，培养其认真审题的习惯。

（三）推荐读物，增加阅读信息量

除了阅读数学教材、数学练习外，教师在日常学科教学中还可以适当选取一些拓展性阅读材料，以开拓学生的视野，提升学生的阅读能力。例如，为学生挑选一些集知识性、趣味性于一体的数学绘本作为数学阅读的主要内容。低年级学生的阅读重点应放在故事上，读完后可以讲一讲、演一演；

中年级学生通过阅读数学绘本或科普读物，获取其中主要的数学知识，阅读重点放在知识和能力的提升上，读后引导学生画一画、写一写，以加深学生对知识的理解；高年级学生可以阅读生活中的数学、数学家的故事等数学书籍，阅读重点放在思维和创造上，读后引导学生根据故事中的数学思想自主创作数学童话，用数学知识解释生活现象，使学生产生继续思考的动力。

综上所述，数学阅读是小学数学教学的重要组成部分，对学生未来的学习和生活起着非常重要的作用。但培养和提升小学生的数学阅读能力绝非一日之功，教师不仅要在教学中营造引人入胜的阅读情境，教给学生科学的阅读方法，还要打通数学课内外阅读的通道，更要注重培养学生良好的阅读习惯，为全面提高学生的数学素养奠定坚实的基础。

中学数学阅读的几点思考

■ 李　颖

数学阅读有自身的特点，学生在阅读时普遍存在一定的困难，这严重影响学生学习数学的兴趣和成绩。教师可以利用课外读物，采用多种教学方法，激发学生学习数学、阅读数学的情感，从而提高阅读水平，让学生掌握科学的数学阅读方法和技能，养成良好的阅读习惯，更好地主动阅读、理解、掌握数学知识。

阅读作为人类社会生活的一项重要活动，是人类汲取知识的主要手段和认识世界的重要途径，然而我们往往重视的是文科阅读能力的培养，忽视了数学阅读能力的培养。在长期的教学实践中，我们深深地感受到，大部分学生看不懂数学教材，虽然每个字都认识，却不懂得它们的含义，对初中数学语言缺乏应有的阅读能力，不能正确地获取数学材料的真正意思，形成了恶性循环。

一、我校学生数学阅读的一些情况

通过调查，我们发现，在数学课堂上，学生自主阅读探索课本内容的时间在 15 分钟以上的仅占 6.2%，10~15 分钟的占 30%，5~10 分钟的占 31%，5 分钟以下的占 32.8%。而在课余时间，学生阅读数学课本或关于数学的课外书籍的时间就更令人关注，能够投入较多时间的只有 5.6%，与语文或英语差不多时间或略少一点的只有 17%，而投入很少时间或没有时间的占 77.4%，超过了总人数的一半多。调查还表明，在数学考试中，因看错或没有看懂题目而失分的在总失分中所占比例达34%，有一定类似倾向的占47%，很少或没有的占19%。从这里可以看出，绝大部分学生在审题上都存在问题，究其原因是在平时的学习过程中，缺乏科学有效的阅读训练，不善阅读，或对阅读不重视，造成学生数学理解、数学感悟和数学发现的能力低下。

二、数学学科本身的特点使数学的阅读存在一定的困难

第一，数学的阅读材料比较枯燥，不像语文阅读那样通俗易懂。比如2007年中考数学第20题材料阅读题，所给的材料为：北京市水务局公布的2004年、2005年北京市水资源和用水情况的相关数据，以及绘制出的统计图表，然后根据这些图表和数据回答相应的问题。学生就要通过这些枯燥的图表和数据回答相应的数学问题，而近些年的数学试卷中阅读量越来越大。

第二，数学语言形式的多样性：文字语言、符号语言、图像语言三种语言形式并存。而在数学阅读中，往往需要三种语言相互转化，这就给数学阅读带来了较大的困难。例如数学当中的几何证明题，往往就要求学生把几何图像用符号语言和文字语言交叉着证明出来。

第三，数学阅读材料呈现出严谨性及精简性，对于概念、公式、性质、定理几乎达到了一个字不能多也不能少的地步。比如 $5x+3>0$ 且 $x-2<0$ 的解为 $-3/5<x<2$，而 $5x+3>0$ 或 $x-2<0$ 的解为 $x>-3/5$ 或 $x<2$。简单的两个字“且”和“或”就让最后的结果截然不同。

第四，数学知识的抽象性，没有相关理论知识的储备和基础，是很难理解和读懂的。

三、有效地培养学生的数学阅读能力

学生的数学阅读能力直接影响其学习的进程，在培养学生的阅读能力

中，我们应该积极地引导学生阅读，让学生体会到阅读的乐趣，并让学生看到阅读对自己数学成绩的提高是有帮助的，最终让学生主动参与到数学阅读中来。

（一）根据学生的不同特点，采用不同的方法培养学生的阅读能力

针对不同层次的学生，教师要根据其自身条件、特点和需要，认真研究各层次相应的、有针对性的教学内容、施教策略和教学方法，这样教学才能主动地适应不同学生的差异，最大限度地激发学生学习的积极性。对于失去了学习兴趣的学生，由于教学内容和教学方法适合他们，会让他们觉得学习并不可怕，通过努力取得了实实在在的进步，就会产生成就感，逐渐提高对学习的兴趣，重新树立起自信心，获得最大限度的发展。这就对教师提出了更高的要求，教师必须认真地研究学生实际，研究教学方法，主动地适应学生，使教学方法更具人性化。我们可以从以下几个方面指导教师进行分层次教学：一是深入了解学生的实际情况，二是制订分层次的教学目标，三是采取协作学习法。在平时教育学生的时候，教师采用的方法也应该多种多样，比如提纲法、咬文嚼字法、融会贯通法等，及时反馈，促进交流。

（二）利用课外读物培养学生的数学阅读能力

对数学阅读能力的培养是一项长期的、循序渐进的过程。因此，教师还要格外重视在课外有计划地培养学生数学阅读的习惯和能力。首先，教师可以让学生阅读一些有关数学家故事的书籍，让他们对数学和数学家有新的认识，如负数的引入、一笔画的故事等。其次，可以让学生阅读一些数学小知识，如数、加、减、乘、除的来历等，让学生体会到数学的趣味性。最后，可以让学生阅读一些有关数学的科普读物和数学的名题、游戏等，让学生更加喜欢数学，愿意与数学交朋友，并从中学到数学知识，培养数

学精神。

李颖在给学生讲评试卷

（三）帮助学生在阅读中发现问题、提出问题

数学课本上的概念、规律等，语言简练、叙述严谨，对学生来说比较枯燥，不易理解。教师指导阅读时，设疑要有层次性和启发性，要贴近学生的最近发展区。教师要鼓励学生“标新立异”，要主动，要教会学生从不同角度思考、质疑，养成爱问、好问、会问的好习惯。教师可以边读边让学生完成数学书当中的做一做、想一想，画一画。以“动”带读。比如我们在学习轴对称图形的时候，先让学生们画一些对称图形，像等腰三角形等，然后让学生“阅读”并掌握轴对称的概念。

（四）采用多种教学方法，培养学生数学阅读的兴趣

数学阅读是比较枯燥的，所以教师应该用一些教学手段来帮助培养学生数学阅读的兴趣。首先，在新知识的引入方面，可以让学生回忆王之涣在《登鹳雀楼》中的“欲穷千里目，更上一层楼”，诗人运用了夸张的手法，登高一层楼是看不到千里之外的，由此引出了切割线定理。其次，巧设悬念。最后，让学生阅读有趣的数学问题，把古代一些有趣的应用题引入课

堂，把学生不懂的知识简单化、趣味化。

（五）有意识地训练学生的数学阅读能力

要给学生阅读数学创造机会。有些情况下，教师为了赶进度，就没有提供机会和时间给学生阅读，这种做法是不可取的。课前，我们可以让学生自学课本及导读材料，分清阅读材料的重点和难点。例如在学习一次函数的图像和性质时，在学生自主阅读的基础上，让学生对所学一次函数的内容进行剖析、总结、交流，并要求学生熟练地运用数学语言描述一次函数 $y=kx+b$（$k \neq 0$）的内容，准确地用数学语言表述解题过程，教师参与学生的交流活动，并及时对交流作出评价。要舍得花时间让学生进行自主阅读，不能流于形式匆匆而过。在此阶段，课堂教学的重点应放在阅读辅导与阅读交流上，把教师想讲的知识，通过学生自主阅读，由学生口头讲出。此时，要求教师能精心策划组织课堂教学。课后，布置课外阅读内容及总结阅读内容，让所学的一次函数知识得到进一步升华。

（六）建立良好的师生关系，激发学生学习数学、阅读数学的情感

总之，在日常的教学中教师应该多给予学生数学阅读的指导，多给一些阅读时间，多给一些阅读材料，根据数学学科的阅读特点和在校学生的阅读水平，重视数学阅读的教学，充分利用阅读的形式，让学生掌握科学的数学阅读方法和技能，养成良好的阅读习惯，让学生更好地、主动地去阅读、理解、掌握数学知识。

注重阅读，关注学生数学能力培养

■ 山建林

重视培养学生的阅读能力，是当前数学教学中不可忽视的问题。《义务教育数学课程标准》对学生参与实践活动提出了具体的要求，并将阅读理解题纳入教材内容。俗话说："读书百遍，其义自见。"但人们习惯性地认为：阅读是语文、英语等文科类的行为，数学是不需要阅读的，总认为只要记住公式、法则就行。其实这种想法是不正确的、片面的。实际上，现在大部分学生不会审题，不能从题目中很快地捕捉有用的信息，从而解答题目，与学生的阅读理解能力较差是有直接关系的。因此，如何在教学过程中进行阅读理解教学，以培养学生的数学能力，是值得研究的。我认为，数学教师在课堂教学中可以从以下四个方面来培养学生的阅读理解能力。

一、明确数学阅读的意义，积极主动地进行数学阅读

数学阅读过程是一个完整的心理过程，包括语言符号（文字、数学符号、公式、图表等）的感知和认读、新概念的同化和顺应、阅读材料的理解和记忆等各种心理活动因素。同时它也是一个不断假设、证明、想象、推理的积极能动的认知过程。从阅读的本质来看，数学阅读是一个特殊的认识过程，绝不是"授"与"受"之间可交割完的事，而是要取决于学生思维的展开程度和学生自主求知活动的质量。但由于数学语言的符号化、逻辑化及严谨性、抽象性等特点，学生阅读数学不会像阅读文艺小说那样轻松有趣，相反会感到枯燥乏味，意志力薄弱的学生就会选择放弃。不少

学生上课听得津津有味，下课却做得一塌糊涂，就是因为少了知识的再创造过程，少了主动阅读建构知识的环节。因而，在初中数学课堂教学中培养学生的阅读理解能力尤为重要。

二、创设情境，激发阅读兴趣

美国著名心理学家布鲁诺认为："知识的获取是一个主动的过程，学习者不应是信息的被动接受者，而应该是知识获得的参与者。"在让学生阅读之前，教师适当地创设一些问题情境，可以激发和保持学生的阅读兴趣。创设问题情境时应注意，问题要新颖有趣，富有趣味性、启发性。

为此，在数学教学中，教师必须根据教材的特点、学生的年龄特征和个性特点，以教材为载体，以语言训练为主要内容，创设问题情境，激发阅读兴趣。在学生阅读之前，教师适当地创设一些难度适当的问题情境，可以诱发和保持学生的阅读兴趣。创设问题情境时要注意，问题要精辟而具体，要有针对性，要新而有趣，要有适当难度，且富有启发性。我们可以通过呈现与学生原有知识相矛盾的现象，设置悬念；或提供几个相互矛盾的方案、解答，使学生在认知上产生冲突，激发学生的好奇心、求知欲，以及学生的阅读兴趣。

三、分类指导，理清阅读方法

数学阅读是通过阅读数学材料建构数学意义和方法的学习活动，是学生主动获取信息、汲取知识、发展数学思维、学习数学语言的重要途径。随着学生阅读经验的积累，他们阅读理解的能力也在不断提高。不仅如此，到了初中，学生一般还能自发地掌握一些阅读方法。但是，他们往往不能自觉地使用这些方法来提高阅读学习的效果，更不能针对数学教材和自身的特点，选择合适的、符合其认知发展水平的阅读方法。这就需要教师给予科学的、清晰的指导。指导阅读，不同的教学内容应使用不同的阅读方法。

山建林在给学生们讲解数学题

（一）指导学生做好“增、标、注”，标出明示信息

为提高学生阅读的有效性，指导学生直接在材料上“标、增、注”，标是用各种符号来表示对知识应掌握的程度，用相应的符号与目标对应。特别是重要内容、关键性词句用符号标出，对下面的阅读起到提醒的作用，使问题简单化，便于学生理解掌握。

练习性阅读，是指教师指导学生对例题和习题的阅读，阅读内容包括审题、分析、解题步骤、格式和文字表达等。阅读例题是前提和基础，例题的解题步骤和文字表达是最典范、最严格、最标准的。这就要求教师指导学生通过阅读例题掌握各类题目的解法和解题格式，达到熟练驾驭各种类型题目的程度。此外，教师还可以引导学生通过变化探求新思路、新结论，培养学生富有创造性的思维和解题能力。

总结性阅读，是指教师指导学生对教学内容进行系统的纵向阅读。从时间上，可分为“一课时、一周、一月、一学期”等；从教学内容的结构上，可分为“一课时、一单元、一章”等。在学生完成阅读总结后，教师再对学生的结论进行概括总结或合理地系统归类，补充学生未能总结出来的知识点，纠正不恰当或错误的结论。

复习性阅读，是指在复习阶段学生对复习内容的阅读，这时候的内容最具综合性。

（二）注重揭示隐含条件

要想捕捉阅读中的隐含内容，教师必须正确地、有启发性地点拨引导阅读，使隐含内容明显化，如此学生才能悟出材料文字所要表述的内容，有利于提高学生的观察能力、动手能力和成就感，从而增强其数学学习兴趣和动机。特别提到的是应用题阅读教学，在阅读的开始阶段，教师可根据学生的能力在思维方式上多加指导，先按一定“程序”进行引导阅读，形成一定的模式，待学生有了一定能力后，再进行变式训练。例如可采取这样的方式：这道题属于什么类型、题中有哪些数量、这些数量之间的关系怎样等。此外，教师还可根据学生的实际水平和应用题的难度，进行示范阅读，抓住字、词、句，抓住关键词和关键数量关系，用自己的语言或列表或画图或列式理清关系，从而渐渐掌握阅读要领，达到熟练程度。在进行阅读训练时，要对每个句子、每个术语、每个图表都进行细致的分析，明白其内涵，并将重要内容记录下来，把题目浓缩、简化，达到缩小跨度的目的。对于关键词，有时还需标上着重记号，以减少不必要的失误。

（三）循序渐进，释疑善思

中学生所掌握的数学知识有限，所以阅读教学应由浅入深，由简单到难，要培养学生善于发现疑点、勤于思考、解决问题的能力。

第一，要经常设置疑点，有疑点之处就析疑，无疑之处当质疑，这样才能启发学生的思维。

第二，要教给学生自己去发现问题、思考问题、解决问题的方法，鼓励学生阅读时要善于思考。

第三，要经常鼓励那些勤动脑、多动脑、带着问题去阅读的学生，以激发他们读书的兴趣，培养他们质疑的习惯。

四、反馈评价，检查阅读成效

在数学阅读中，教师应及时地反馈学生的阅读效果，并给予积极的评价，适当鼓励学生，让学生从中看到自己的进步，享受阅读带来的成就感。如此往复，学生便能构建起自己的认知体系。就阅读方法和技能的形成以及阅读习惯的养成而言，教师可采用提问、练习、互相讨论等方式加强交流，检查阅读效果，使数学阅读务实、高效。

总之，现代社会是信息化的社会，越来越数字化，不具备一定数学阅读能力是不行的。因此，在数学教学中更应重视数学阅读，培养学生以阅读能力为核心的独立获取数学知识的能力，使他们获得终身学习的本领，也让数学课堂因阅读而变得更加有生气。

利用“阅读式导入”激发初中生学习数学的兴趣

■ 王　宁

《中学教育学》强调，加强阅读，能充分发挥学生的主观能动性，提高学习效率；加强阅读，能有效地激发学生保持高度集中的注意、敏锐的观察、积极的记忆、活跃的思维。导入环节是教学过程中不可缺少的重要环节，它能提升课堂教学的有效性，尽快提高初中数学课堂教学质量。然而，在实际教学活动中，导入环节往往方法单调，枯燥无味，或洋洋万言，喧宾夺主；或离题万里，弄巧成拙；或缺乏准备，演示失误，很难从学生内心深处激起他们的学习兴趣。课前的精彩导入，不仅能激发学生的学习动机和兴趣，还能起到承前启后、建立知识联系的作用。所以教师设计导入环节时不仅要关注知识与技能，还要充分考虑新课程理念、教材、教师、学生四者的关系，从不同的角度，以各种方式激发学生的学习兴趣。我们可以尝试以“阅读式导入”为切入点，研究如何激发初中生学习数学的兴趣。

一、故事阅读导入

在课堂上，我们曾有这样的体会，提到课本外的故事时，学生们特别感兴趣，听课的积极性往往都很高。因此，根据初中生的年龄特征，课堂上适当穿插与教材内容相关的故事或实例，既能活跃课堂气氛，培养学生的学习兴趣，又能吸引学生的注意力，发展学生的思维。

在“随机事件”这节课中，讲述了“一名数学家等于10个师”的故事。

在第二次世界大战中，英美运输船队在大西洋常常受到德国潜艇的袭击。当时，英美两国限于实力，无力增派更多的护航舰，一时间，德军的潜艇战把英美军队搞得焦头烂额。为此，有位美军将领专门请教了几位数学家。这几位数学家运用概率论分析后发现，英美运输船队与敌潜艇相遇是一个随机事件，具有一定的规律，一定数量的船（如 100 艘），编队规模越小，编次就越多（如每次 20 艘，就要有 5 个编次），编次越多与敌人相遇的概率就越大。美国海军接受了数学家的建议，命令船队在指定海域集合，再在护航舰护卫下集体通过危险海域，然后各自驶向预定港口。结果奇迹出现了，英美运输船队遭袭被击沉的概率由原来的 25% 降低为 1%，大大减少了损失，保证了物资的及时供应。

王宁

阅读有趣的故事能够吸引学生的注意力，使他们产生浓厚的学习兴趣，为进一步的学习做好准备。而数学的发展史本身就是一部多姿多彩的故事史：有数学家呕心沥血孜孜求索的故事；有闪耀广大劳动人民聪明与智慧的故事；有我国古代数学家为人类作出不朽贡献的故事。这些故事既能激发学生的学习兴趣、启迪学生的智慧、拓宽学生的视野，又是很好的导入素材。因此，我们要指导学生阅读，为我们的新课导入服务。

二、情境阅读导入

用贴近学生生活实际或学生喜闻乐见的阅读背景材料导入课题，不仅能使学生感到亲切自然，激发学生的学习兴趣，而且能尽快唤起学生的认知行为，促成学生主动思考，为接下来的课堂教学做好准备。

在讲述“直线公理”时，利用本校资源创设情境：

北京市昌平区第五学校总务处为解决下雨天学生的雨衣存放问题，决定在每个班级教室外钉一根2米长的装有挂钩的木条。该校有18个班，问至少需要买几颗钉子？你能帮总务处的师傅算一算吗？如果将细木条抽象成直线，将钉子抽象为点，你会得到什么数学结论？

在教授“一元二次方程的应用”这节课时，利用时事政治创设情境：

2008年5月12日14时28分，我国四川汶川发生8.0级大地震，全国、全世界人民为之震惊，在党中央、国务院的领导下，全国人民掀起了一场众志成城的抗震救灾的大运动，于是在抢险救灾和灾后重建中出现了许多与一元二次方程的应用有关的问题。下面是灾后重建的一个小区——幸福小区。小区在每两幢楼之间，开辟面积为1200平方米的一块长方形绿地，并且长比宽多10米，则绿地的长和宽各为多少？

像这样从学生身边所熟悉的环境入手，很自然也很亲切，让学生通过阅读材料，观察思考，分析解决了实际问题，既能充分调动学生参与的积极性，又有利于激发学生的学习兴趣，体现了数学来源于生活又服务于生活的道理，使学生更加明白学习数学的现实意义，凸显数学的应用价值。

三、文学阅读导入

在讲“轴对称”这节课中，通过阅读古诗“秀山青雨青山秀，香柏古风古柏香；雾锁山头山锁雾，天连水尾水连天”，让学生感悟轴对称在文学中的踪影，使其认识到数学在生活中无处不在。

在“同底数幂的乘法”这节课中，让学生阅读李白的《把酒问月》：“青天有月来几时？我今停杯一问之。人攀明月不可得，月行却与人相随。皎如飞镜临丹阙，绿烟灭尽清辉发。但见宵从海上来，宁知晓向云间没？白兔捣药秋复春，嫦娥孤栖与谁邻？今人不见古时月，今月曾经照古人。古人今人若流水，共看明月皆如此。唯愿当歌对酒时，月光长照金樽里。”诗中提到的嫦娥如果奔月的速度是 104 米 / 秒，那么 102 秒能飞行多远？当学生还沉醉在美好的诗境中时，抛出数学问题，让他们不自觉地想到：数学也可以这么美吗？通过阅读体会数学不是枯燥无味的，从而引发学生的无限思考，也激发学生的学习兴趣，同时又恰到好处地进行学科渗透。

四、问题阅读导入

针对初中生好奇的心理，教师可以有意识地设置一些问题，让学生通过阅读进行思考能起到以石激浪的作用，使学生产生探求问题奥妙所在的心理，激发学生的求知欲望。美国心理学家布鲁纳指出：“教学过程是一种提出问题，解决问题的持续不断的活动。”因此，引入新课时教师要善于提出问题，设置疑问。实践证明，疑问、矛盾、问题是思维的启发剂，而学生的创新思维恰恰从疑问和好奇开始。

在讲授“有理数的乘方”这节课时，巧妙地运用古代俄罗斯民间流传的故事：“路上走着 7 个老头，每个老头拿着 7 根手杖，每根手杖上有 7 个树杈，每个树杈上挂着 7 个竹篮，每个竹篮里有 7 个竹笼，每个竹笼里有 7 只麻雀，总共有多少只麻雀？”通过阅读来引导学生积极主动地学习。

在“行程问题”的教学中，当代数学家苏步青教授曾在国外遇到一个很有名气的数学家，这位数学家在电车里给苏教授出了几个题目：“甲、乙两人，同时出发，相向而行，距离是 50km，甲每小时走 3km，乙每小时走 2km，问他俩几小时可以碰到？”接着这位数学家又问了一个问题：“一只小狗每小时走 5km，它同甲一起出发，碰到乙时它往甲这边走，碰到甲又往乙这边走，问小狗在甲、乙相遇时一共走了多少千米？”苏教授思考了一会儿，在下车前解决了这个问题。苏教授回国后，把这个问题向他的学生讲了以后，学生又向苏教授问了一个问题，而苏教授也在很短的时间内回答了这个问题。学生问：如果甲、乙、小狗都从一点出发，同向而行，其速度皆不变，乙和小狗先出发 3 小时，甲再出发追赶乙，当甲追上乙时，甲用了多长时间？小狗一共跑了多少千米？教师通过让学生阅读一个趣味化的问题背景，由浅入深，一环紧扣一环，将学习内容由简单到复杂、由感性到理性地揭示出来，再按学生的认知规律逐步有序地解疑释难，学生的学习动机就能被激发，思维也能被激活，当问题解决之后，他们的心理会得到满足，从而能产生成就感和自豪感，增强学习的自信心。

古人云：“学起于思，思源于疑。”确实，学习需要思维，而思维始于问题。在教师的引导下，学生能在阅读中体会到“山重水复疑无路，柳暗花明又一村”的欢乐，从而激起他们强烈的学习兴趣。

五、图片阅读引入

观察感知也是一种无声的阅读。在“轴对称”这节课中，学生欣赏了千手观音、人脸、表、飞机、建筑物、植物、山水倒影、剪纸、交通标志等大量的生活图片，正是这些千姿百态的几何图形构成了大千世界。我们的生活空间也是由这些几何图形构成的，学生可以深刻地感觉到：数学美！这种感觉不仅来自视觉，更来自心灵，能激发学生学习的兴趣，让他们在“美”中学数学。

六、数据阅读引入

在学习大数的表示方法时，出示题目：天上的星星知多少？2003 年 7 月 22 日在悉尼举行的国际天文学联合会大会上，天文学家指出整个可见宇宙空间大约有“70 000 000 000 000 000 000 000”颗恒星，这个数字比地球上所有沙漠和海滩上的沙砾总和数量还要多。从学生阅读到的现实数据出发，激发好奇心，使学生感觉到对大数据读写的不方便，自然引入课题。

七、探索阅读引入

苏联著名的数学家辛钦曾说过："我想尽力做到在学习新概念、新理论时，学生先有准备，能尽可能地看到这些新概念、新理论的引进是很自然的，甚至是不可避免的。"对于平行四边形，我们小学时就很熟悉：如果只给你一张纸和一把剪刀，你能不能剪出一个平行四边形来？在动手实践的过程中自然发现了平行四边形的性质。在探索三角形的内角和时，让学生用量角器量角求和、剪纸、折纸等，进而验证了"三角形内角和是 180° "的规律，让学生经历"再创造"，自己去发现、研究并将规律创造出来。教师的任务不是把现成的东西灌输给学生，而是引导和帮助学生进行这种"再创造"的工作，最大限度地调动其积极性并发挥学生的主观能动作用，从而完成对新知识的构建和创造，注重知识的形成过程，这样学生学到的知识便记忆深刻，不容易忘却。从被动学习到主动操作，在探索问题中通过阅读获得了有用的信息，学生学习的积极性和兴趣的提高就不言而喻了。

八、游戏引入

新课程标准注重学生的亲身体验，强调学生学习的过程与方法，因此在教学中根据所学内容，结合学生的心理特征，有意识地设计一些游戏，让学生阅读游戏规则，实施游戏过程，既能为学生创设良好的学习环境，又能很好地调节学生的学习情绪，让学生心情愉悦地学习，从而获得知识，提高教学效果。

在"追击问题"的教学中，模拟周长为 400 米的椭圆形跑道上警察抓小偷的游戏。小偷一直是以速度为 6.5 米 / 秒逆时针方向跑道逃跑，警察只能沿跑道逮小偷，不能越出跑道，他的速度为 8.5 米 / 秒，当警察和小偷逆时针相距 50 米时，假如你是警察，你会如何尽快抓住小偷？在此游戏中，学生穿着准备好的道具表演游戏，其他学生观察游戏过程，领会游戏规则，思考如何解决问题。通过“警察抓小偷”的游戏，一方面活跃了课堂气氛，激发了学生的学习热情；另一方面也使学生明确追击问题的几种类型，轻而易举地化解了这一难点。

游戏是青少年酷爱的活动，做好游戏的前提是通过阅读领悟游戏规则，利用游戏活动进行导入，这样就能使学生在活跃的气氛中受到感染，以饱满的热情和愉悦的心情投入到学习当中。

综合以上阅读式导入环节的设置，正如著名特级教师于漪所说：“在课堂教学中要培养、激发学生的学习兴趣，首先应抓住导入环节，一开始就把学生牢牢吸引住。”因此，只要教师在备课过程中对每一次导入都能进行精心设计，并落实好阅读，学生学习数学的兴趣就一定能被激发出来，学习的积极性就一定能增强，数学课堂教学质量也一定能得到提高。所以，阅读是必不可少的工具，做好阅读训练尤为重要，相信学生在这样的教学环境中定能获益匪浅，会更加喜欢数学，数学学习的能力和水平也会不断提高。

提高初中生几何阅读能力的策略

■ 王　宁

阅读是人类社会生活的一项重要活动，是人类汲取知识的主要手段和认识世界的重要途径。《义务教育数学课程标准》中明确指出："要倡导学生自主探索、阅读自学的数学学习方式，要发展学生独立获取数学知识的能力。"现代及未来社会要求人们具备的阅读能力已不只是语文阅读能力，而是以语文阅读能力为基础，包括外语阅读能力、数学阅读能力、科技阅读能力在内的综合阅读能力。因此，加强学科阅读研究，探索学科阅读教学的特殊性及教育功能，认识学科阅读能力培养的重要性，就显得尤为重要。数学学习中的"阅读"与语文学习中的阅读有些区别，它不求学生读得行云流水，更不侧重于体验文章的情与美，而是要求学生能从某份报纸或杂志的阅读过程中，敏锐地洞查到一些信息，"创造"出一些常人所不注意或不能发现的数学问题。这里的"创造"与平常所讲的发明创造不同，是创新意识的体现，是科学态度和科学精神的培养。

在数学教学的过程中，有些教师只注意算式的演算步骤，只注重逻辑的严密推理，而忽略了学生对数学语言的理解。在初中阶段，教师总认为学生理解能力弱，自主学习能力差，不敢放手让学生通过阅读来获得新知，该阅读的时候不是被教师代替就是被电脑课件代替，忽略了对学生阅读数学课本的能力和习惯的培养，把课本当成了习题集。因此，在数学教学中，常常是教师反复讲解，学生被动接受，教师教得累，学生学得苦，不利于培养学生的自主学习能力，不利于学生形成终身学习的意识和能力。目前，学生使用的教材，是专家依据新的课程标准，结合学生的知识结构和年龄特征组织编写的。所以，利用现行教材开展阅读教学，完全是可能的。从目前学生数学学习中存在的问题来看，他们缺乏的是阅读数学的能力和习惯，数学学习仅仅限于解题，对于较大信息量的数学材料，往往读不出要点，理解不了题意。如果再不改变这种状况，数学教学就不能适应形势的发展和时代的需要。因此，数学教学需要寻求新的改革思路，才能真正把素质教育落到实处。数学阅读也应该成为助推学生数学素养提高的一种方式。通过数学阅读，提高学生的阅读能力、提取信息的能力，感受数学文化，从而培养学生的数学素养。

王宁

一、几何阅读的条件

《义务教育数学课程标准》指出："数学为其他科学提供了语言、思想和方法，是一切重大技术发展的基础；数学是人类的一种文化，它的内容、思想、方法和语言是现代文明的重要组成部分。"

（一）了解概念、公式、定理是阅读的基础

阅读数学教科书就是通过阅读，在有关名词、俗语、定理、公式、性

质等问题中获取信息，再根据这些信息进行分析，找出其中有用的信息。如果不掌握这些相关信息，那么阅读数学课本就变成了走马观花，将一无所获。有的学生的数学之所以差，其原因多是阅读能力差，没有掌握常见的数学名词、俗语、定理、公式、性质等，而这些概念又是组成数学问题的“细胞”，也是解决问题的阶梯。在阅读中，如果只读不思，那么其效等于零；如果只读不回忆，那么将糊涂一片。在阅读中不仅要掌握相关概念，还要掌握相关概念间的联系。只有这样才能读得进，探得明。在平时的学习中不重视对名词、概念的理解和掌握，长此以往，再读题时将会困难重重，不知所云，从而失去了学习数学的兴趣。因此，注重改进阅读的条件，丰富自己的数学语言是非常重要的。

概念是思维的重要形式，是推理论证的基础。比如，“连接两点的线段的长度叫这两点间的距离”。要注意“长度”这一名词，说明两点间的距离是一个数量而不是图形。公式是连接条件和结论的桥梁。只有让学生掌握推导过程，了解公式的来龙去脉，才能保证学生在做题时应用自如、灵活应变。比如扇形的面积$S=\frac{1}{2}LR$，若扇形的圆心角为 $n°$ ，L 就是这 $n°$ 的圆心角所对的弧长，R 则是扇形所在圆的半径。如果把扇形看作是一个曲边三角形，扇形的面积公式与三角形的面积公式相似，这样类比便于记忆。定理是达到结论的依据。初中生应掌握大量的定理公理，作为解题的依据。在教学中教师应帮助学生分清定理的条件和结论，如平行线的判定定理结论是两条直线平行，而平行线的性质定理条件是两条直线平行，体会它们之间的联系和区别，并理解定理的证明过程和应用定理。只有加强了学生对几何概念、公式、定理的真正了解，才算筑好了阅读的基础，否则学习便如空中楼阁，根基不稳。

（二）理解几何语言是阅读的纽带

要理解文字语言、符号语言以及图形语言间的相互关系。学生在读题后，除了认真梳理有效信息、理解关键词语、分析题意外，还要重视题中的文字语言与符号语言以及图形语言间的互译。如题中的平行、垂直、角平分线、中线、中位线等名词，它的符号语言是什么、图形语言是什么，都要清晰明白。在阅读中要能对照文字观察图形，再联想到数学式子，从中能得出什么、推出什么。特别是在函数的学习中更应重视此类阅读的训练，以提高语言间的互译能力。在平时学习中要关注题中的文字语言与符号语言以及图形语言间的互译，不能只知其一不知其二，要学会相互转换。要想提高阅读能力，就要养成在问题中找信息的习惯，在信息的处理中收集经验，在信息的探究中发现问题，在问题的解决中充实和提高自己。只有这样，才能在学习中事半功倍，取得好的学习效果。

数学语言表达能力的强弱直接影响学生探究问题、解决问题以及数学逻辑思维能力的发展，重视数学语言培养，提高数学语言水平有着重要的现实教育意义。在教学时必须重视几何语言的训练，因为平面几何有许多特有的用来表达意思、交流推理论证思想的语言工具，如相交、平行、垂直于、全等于、相似于、内错角、同旁内角等，符号有≌、∽、⊙、//、∠、∵、∴、RT、△等，构成了一个独特的语言系列。此外，还有边角边、边边边、斜边直角边等术语。每一个习题的解答都要用它们来描述，成为一篇具有独特语言的文章。不掌握这些语言，就必然无法在几何教学过程中学习。平面几何在语言叙述上不容许有含糊的语言，这就要求学生在初次学习时就必须准确无误地叙述图形，如点在直线上、点在直线外、∠ABC、∠ACB等都是含义不同的语言。点到直线的距离、某点将线段等分，绝不能说成直线到点的距离和某点等分直线。应该让学生多读教材、多口头回答问题、多站到讲台上讲解习题，这些举措都能深化学生对几何语言的学习和掌握。

二、几何阅读的步骤

第一，审题。要做到“三看清”，看清题中所讲的过程，看清题设条件，看清要解决的问题，这是解题的前提。

第二，分析。要做到“三想”，想所涉及的概念和所用到的原理，想所给条件与所求问题的关系，想有无隐含信息和条件及题目考查的内容。

第三，优化。要做到根据题意和条件，选择最佳的解题方法，如果用到其他学科知识、方法时，如公式变换、数据处理等要细心，最后还要对结果进行检验分析。

第四，反思。反思命题者有什么意图；题目设计的巧妙处何在；此题的关键何在；题目有何规律；是否可推广成一类题型；此题为什么这样做；解题过程中暴露了哪些弱点；这个问题改变设问角度，还会变成什么样的题目等。

第五，积累。积累的内容要包括成功的经验和失败的教训。要把平时练习和考试中做错的题目积累成集，并且经常翻阅复习。

三、几何阅读的方法

美国教育心理学家奥苏伯尔的“有意义学习理论”强调：“影响学习的最重要因素是学生已经知道了什么，应根据学生的原有知识状况进行教学。”

（一）联想式阅读

学生解决几何问题的能力是通过对几何知识的掌握而逐步形成的，因此教师应教会学生联系知识：你看到了什么？想到了什么？得到了什么？如一见平行，就应联想角的关系；一见多边形角方面的问题，就应联想三角形、多边形的内角和或外角和；一见到图形的变换，就应从对应元素的角度去联想；一见特殊四边形，就应从边、角、对角线的角度去联想；一见到直角求边的问题，就应考虑运用勾股定理来解决；一见直径，就应联想直径所对的圆周角是直角；一见切线，就应联想连半径有垂直；一见直径垂直于弦，就应联想垂径定理……

（二）综合式阅读

在实际解决几何问题时，要指导学生认真读透题目，全面理解题意，掌握题目中的数量关系，这样有利于分析题目中的等量关系和图形的组成及构造，建立相关的等式并进行条件分析。为此，必须培养学生阅读几何题目的能力。

例如，已知：如图 1，$AB \parallel CD$，MH 平分 $\angle BMN$，NH 平分 $\angle MND$，求证：$MH \perp NH$。对于这样一道几何题，教师可以带着学生逐句翻译，像学习英语那样，由 MH 平分 $\angle BMN$，可得 $\angle 1=\frac{1}{2}\angle BMN$；由 NH 平分 $\angle MND$，可得 $\angle 2=\frac{1}{2}\angle MND$；由 $AB \parallel CD$，可得 $\angle BMN+\angle MND=180°$，从而 $\angle 1+\angle 2=90°$，所以 $\angle H=90°$，得证 $MH \perp NH$。

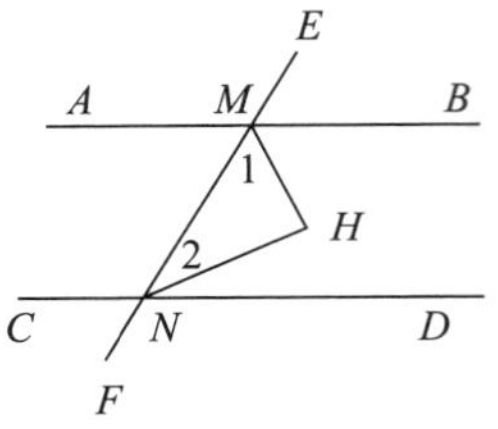

图 1

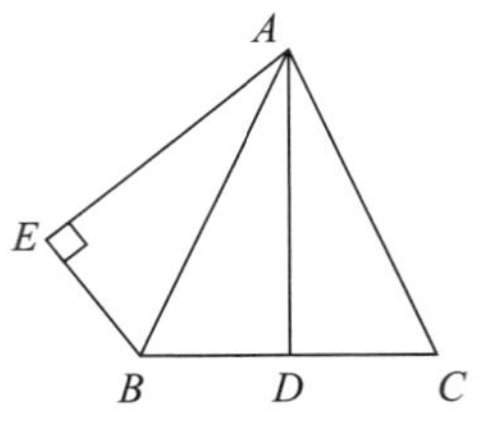

图 2

因此，在进行习题教学时，要重视从已知条件分析推出结论，边阅读已知条件边逐个分析得结论，直到追溯出它的必要条件。

（三）分析式阅读

对于某些模式化的几何题可以带着学生从结论出发，逆向思考怎样推到已知条件。如果逆推成立，那么就可以从已知顺理成章地推到结论了。

例如，已知：如图 2，$AB=AC$，点 D 是 BC 的中点，AB 平分 $\angle DAE$，$AE \perp BE$，垂足为 E。求证：$AD=AE$。

此题可以这样思考：要想得到 $AD=AE$，只需证明 $\triangle ADB \cong \triangle AEB$（AAS），三个条件：$AB=AB$，公共边可以从图中得到；$\angle DAB=\angle EAB$，可以由已知 AB 平分 $\angle DAE$ 得到；$\angle E=\angle ADB$，必须证明 $\angle ADB=90°$，这

个条件可以由已知 $AB=AC$ 和点 D 是 BC 的中点，通过等腰三角形三线合一得到，所以从结论到已知的路就打通了，就可以正向从已知到结论去书写过程了。

通过多样化的解法，发挥一题多用的功能，训练学生推理的严谨性，培养学生的创新思维能力和想象能力。类比上述不同解法，寻找解法在某些方面有相同或类似之处，思考多种证明方法的联系与本质，培养学生类比的数学思想，从而提高学生阅读解决几何问题的能力。

大教育家叶圣陶说："教师教各种学科，其最终目的在于达到不复需教，而学生能自为研索，自求解决。"阅读是自学的主要形式，自学能力的核心是阅读能力，因此，教会学生学习的重头戏就是教会学生阅读，培养其阅读能力。数学阅读教学的实质是学生在教师的引导下进行自主探究学习，通过阅读、思考、分析、交流、归纳等思维活动，学生获得的不仅只是书本知识，还有数学的思想方法、数学表达能力以及严密的逻辑思维能力、推理能力和积极主动的学习品质。通过阅读实践，增强了学生的阅读意识，养成了较好的阅读习惯，提高了数学素养和阅读能力。数学阅读过程同一般阅读过程一样，是一个完整的心理活动过程，包含语言符号（文字、数学符号、术语、公式、图表等）的感知和认读、新概念的同化和顺应、阅读材料的理解和记忆等各种心理活动因素。阅读时提取文字中有用的数学信息，是对文本的加工和理解过程，运用数学思想方法去发现和分析问题，能提高学生理性的数学思维能力。

在几何教学中，既要重视加强对学生几何阅读方法和技巧的指导，更要重视对学生自主阅读习惯的培养，让学生积累更多的阅读经验，体验数学阅读带来的快乐。课外阅读的落实不仅需要教师的努力，还需要家长付出大量的时间和精力。对于没有良好家庭阅读环境的学生，要加强家校联系，共同提高学生的数学阅读能力。有效提高学生的几何阅读能力，培养学生自觉阅读的习惯不是一朝一夕的事情，而是需要教师不断地探索研究，不断创新实践。路漫漫其修远兮，吾将上下而求索！

培养数学阅读能力，提高数学教学成效

■ 孙凤敏

阅读是人类获取知识的重要手段和认识世界的重要途径。而数学阅读是学生依据自己已有的知识经验，通过阅读数学材料，主动获取数学知识、发展数学思维、学习数学语言的重要途径。阅读能力是学生学习过程中的基本性学习技能，学生可以通过对文字的阅读，提取大量有用信息，简化学习难度，进行知识整合，强化知识理解。因此，培养学生的阅读能力，将有益于学生学习质量的保障和解题效率的提升。那么如何培养和提高学生的数学阅读能力呢？我认为应该从以下几个方面入手。

一、增加阅读兴趣，树立阅读意识

兴趣是使人乐于接触、认识某事物，并力求参与相应活动的一种积极的意愿倾向，是学习的内在动力。有了兴趣，学生就能产生强烈的求知欲望，从而主动进行学习。而数学课本是以严谨演绎的面貌出现的，学生阅读时不会像读小说、故事书那样轻松、感兴趣，因此在实际教学中要结合数学课的特点，创造有利于学生阅读的情境，使学生对其产生兴趣。比如我们在教学中可以适当向学生介绍一些数学典故、趣事、名题、趣题等，用课本以外的知识来激发学生的阅读兴趣。只有产生了浓厚的兴趣，学生才会主动阅读、认真思考，较好地掌握所学知识，才有利于学生阅读能力的培养。

孙凤敏在给学生们讲课

二、做好阅读示范，训练阅读技巧，养成良好的阅读习惯

产生阅读兴趣是阅读的第一步，但究竟如何阅读数学课本，对学生来说还是很茫然的。为此，我们应该教会他们怎样阅读，教给他们阅读要领，先读通句子，再由表及里，读透、读懂，养成“阅读加思维”的读书习惯。教师指导学生阅读教材时要循序渐进，要让学生养成良好的阅读习惯。

（一）在阅读过程中引导学生养成“问题”的习惯

古人说：“学贵有疑。”问题是数学的心脏，数学知识、数学方法、数学观念都是在解决问题的过程中形成和发展起来的。没有问题就没有数学，因此要培养学生在阅读数学教材时的问题意识，要求学生在阅读数学教材的过程中逐渐养成发现问题、提出问题、分析问题、解决问题的习惯。例如在阅读“切割线定理”这一节内容时，学生除了掌握主要概念中的关键词句外，还应理解以下几个问题：（1）当两弦在圆内不能相交，其延长线相交交点在圆外时，能得到什么结论？（2）当一条直线移到极限位置，即转化为切线时，结论有何变化？（3）当两条割线都移到极限（即切线）位置时，结论又有何变化？这样通过不断地生疑、质疑、解疑的过程变被动为主动，使学生产生浓厚的阅读兴趣。

（二）引导学生在阅读中养成“比较”的习惯

“比较”可以使学生充分发挥主观能动性，把新旧知识联系起来，实现学习过程的迁移，达到“举一反三”“触类旁通”的目的。比较的类型也是多种多样的，可以是同题目的比较，也可以是新旧知识的比较。比较可以是“同中有异”，也可以是“异中有同”。“同中有异”可以让学生明白在学习过程中许多旧知识可以帮助我们理解和学习新的知识；“异中有同”可以让学生体会到数学问题虽然是千变万化的，但是在许多问题中还是存在着很多共同规律的，许多知识都具有一定的内在联系。

（三）指导学生养成做好数学阅读笔记的习惯

笔记是对付遗忘最有力的武器，是积累认知经验、提高知识水平的重要工具，因此在阅读数学教材时必须做好数学笔记。数学笔记的形式主要有以下几种：（1）疑问性笔记。在阅读中遇到疑难困惑时，最好专门进行摘录，系统地记录自己知识和能力的不足，以便有针对性的突破；同时记录问题及处理问题的想法。（2）感触性笔记。在阅读中，有所感、有所悟及有所发现的，都应即时记录。（3）梳理性笔记，是对阅读不断提炼的记录。

三、指导阅读方法，提高阅读能力

数学课本不同于其他文学文艺作品，其特点是语言严密精练、逻辑性强。一般是一个标题下依次给出概念、定义探讨规律并获得定理、说明应用、解答例题等。阅读内容不同，其阅读方法也不同。

（一）阅读概念

阅读概念（定义）时可以从以下几个方面入手。首先，要正确理解概念中的字、词、句及符号，对关键词句要认真推敲，明白含义，对相近的概念要加以对比分析，搞清其异同点；其次要注意联系实际找出例子或事物。例如，在学习一元二次方程时可以与一元一次方程的概念联系起来，注意比较它们的区别与联系。相同点是未知数个数相同，“一元”，即都含有一个未知数。不同点是次数不同：一个是“一次”，即未知数（项）的次数是“一次”的；另一个是“二次”，即未知数（项）的次数是“二次”。从而使学生真正理解和掌握一元二次方程的概念。

（二）阅读定理

阅读定理时，要注意分清定理的条件和结论，探索其证明的途径和方法，理解证明的思路实质，要注意联系类似定理，通过分析比较掌握其应用。同时还要考虑此定理是否可以逆用，探讨其能否加以推广等。例如，在阅读垂径定理的时候，可以先让学生分析定理的条件和结论分别是什么，进而引导学生在阅读时思考此定理的某些条件和结论是否可以互换，然后将垂径定理加以推广：在圆中，一条直线若具有以下几个性质“（1）经过圆心，（2）垂直弦，（3）平分弦，（4）平分弦所对的优弧，（5）平分弦所对的劣弧”中的任意两条，则都可以推理出其他三条性质。这里需特别强调由（1）和（3）推出（2）（4）和（5）时应注意什么，从而使学生真正理解和掌握垂径定理，并加以应用。

（三）阅读例题

在阅读例题时，要指导学生看懂解题过程，理解解题方法和思路，理解新知识在解题过程中的应用，找出解题的关键所在，要重视例题书写格式的规范性。同时还要让他们养成“三想”的习惯：“一想”此题还有没有其他解法，“二想”若此题的条件不变还能得出什么结论，“三想”若把此题的题设和结论对调一下是否仍然成立，从而达到“举一反三”“触类旁通”的目的。

四、交流阅读体会

学生的数学基础不同，阅读能力有一定的差异，学习的自觉程度也不一样，不定期组织学生交流数学阅读的经验，无疑能大面积提高学生阅读教材的能力。一般情况下，学生的数学学习活动都是在班级集体中进行的，班级集体的学习气氛、同学之间的影响，会有形或无形地影响学生的学习。因此，教师要给予适当的指导，鼓励学生相互交流、相互讨论，为他们提供一个相互学习、了解自己和别人的机会，使他们的阅读水平得以共同提高。

五、认真小结

这是培养学生阅读能力的关键一环。引导学生对自己所阅读的数学知识加以归纳总结、精心筛选，并按知识的逻辑联系写出简明的小结，这对他们更好地掌握数学知识、提高数学阅读能力，能够起到事半功倍的作用。

总之，教师要改变传统的教学观念，从培养学生的能力入手，多给予学生阅读数学教材的指导，多给他们一些阅读的时间，多给他们一些阅读的材料，这样学生就能认识到数学阅读的重要性，从而努力提高自己的数学阅读能力，进而提高他们的数学成绩。

培养数学阅读能力——为学生架一座数学认知的桥

■ 张　蕾

数学是一种语言，是“慎重的、有意义的而且经常是精心设计的”。苏联数学教育家斯托利亚尔认为“数学教学也就是数学语言的教学”，而语言的学习就离不开阅读。所以，数学的学习不能离开阅读。阅读是学生自主获取知识的一种学习过程，是人类摄取知识的主要手段和认识世界的重要途径。随着社会数字化的发展，现代及未来社会要求人们具备良好的数学阅读能力，因此在数学教学中应重视数学阅读能力的培养。

一、数学阅读的概念及特点

阅读是一种从印的或写的语言符号中获得意义的心理过程，而数学阅读不同于其他阅读，是指学习者围绕数学材料或数学问题，根据已有的数学知识或经验，以数学语言为载体，数学思维为基础，用数学的方法、思想来认识、理解、吸取知识和感受数学文化的学习活动。数学阅读是对文字语言、数学符号、公式、图表等阅读材料感知、理解和记忆的一个完整的心理活动过程。由于数学里的方程式、图形等语言的符号化和抽象性等特点，数学阅读又具有特殊性，这些内容同样需要经过认真阅读才能理解。所以要想学好数学就必须学会数学阅读，数学阅读是思维的基础。

《义务教育数学课程标准》指出，由于学生所处的文化环境、家庭背景和思维方式的不同，学生学习活动应当是一个生动活泼的、主动的和富有个性的过程。数学阅读是学生个体根据已有的知识经验，通过阅读数学材料建构数学意义和方法的学习活动，是学生主动获取信息，汲取知识，发展数学思维，学习数学语言的重要途径。数学教学重视数学阅读，培养学生以阅读能力为核心的独立获取数学知识的能力，使他们获得终身学习的本领，非常符合现代教育思想。

二、对初中生数学阅读现状调查问卷的统计分析

为了更准确地了解学生的实际情况，我们在北京市昌平区第五学校范围内进行了问卷调查，通过问卷调查可以发现，学生在数学阅读方面存在着以下问题。

第一，学生对数学阅读的必要性、有效性认识不够。在问卷中，我们发现，有相当一部分学生认为数学阅读作用不大。单纯地为完成学业、应付考试面对数学课本，更常见的处理方式是只读公式、定理部分，而对于课本中所渗透的公式定理的推导、知识背景只是一目十行，把课本用成了习题册，这样就促使一些学生只是死记硬背数学公式，基础题能解决，但是遇到稍微灵活的题目时，他们的思维就不够灵活了。

第二，部分学生比较喜欢数学阅读，但是不清楚选择哪类书籍对自己逻辑思维能力的培养有帮助。有一部分学生选择数学史方面的书籍阅读，但也只是泛泛而读，只是喜欢阅读其中的趣味性故事，没有引发其思考。

第三，部分学生没有运用适当的方法阅读，碰到文字性较多的题目就没有头绪。在调查中，面对文字信息比较多的题目时，绝大部分学生还是望而生畏的，出现理解性偏差，甚至干脆放弃。究其原因，一方面，教师对知识性的内容讲解过多，而思维的方法、思考的方法与学生交流较少；另一方面，在学习的压力下，学生数学阅读时间明显很少，这样往往促使学生知道的方法没有加强训练，从而感觉自己对数学知识的理解不到位，导致学习没有信心。这些都提醒我们，在教学工作中，应该多给学生一些时间，可以以探讨交流的方式，促进学生对知识的理解，同时可以适当地让

学生自己阅读教材，预习、发现问题，培养其好奇心，以提高学生解决问题的能力。

因此，在我们的数学教学中应该重视数学阅读能力的教学，而且要使学生达到自我阅读的程度，提高学生的自学能力。

三、培养学生数学阅读能力的策略与方法

（一）巧用阅读资源，创设阅读情境，增加阅读情趣，提高数学阅读的主动性、自觉性

美国著名心理学家布鲁诺认为："知识的获取是一个主动的过程，学习者不应是信息的被动接受者，而应该是知识获得的参与者。"学生探求知识的思维活动总是从疑问和惊奇开始的。数学内容大都具有高度的抽象性，学生读起来感到枯燥乏味。因此，教师要根据教学内容，搜集一些数学故事、趣味数学、生活中的数学、数学小知识等，让学生在课堂上阅读，以增加阅读情趣；也可设置一些新而有趣的问题情境，或是富有探索性的悬念，或是值得品味的正误辨析等，来诱发和保持学生的阅读兴趣，引导学生在阅读过程中积极开展自我启发思维。同时，数学教师应让学生明白数学阅读的重要性，让学生尤其是后进生时常感觉到他们通过阅读而成功地学会了一些东西，以提高数学阅读的自觉性。

例如，在学习"一元一次方程的解法——去分母"时，先让学生阅读"丢番图墓碑上的数学问题"这个内容，其对求知欲旺盛的学生具有较强的诱惑力，能激发学生的学习兴趣，提高学生学习的主动性和积极性。

利用好教材提供的阅读资源。教材在每一个知识块都有"数学与文化"的材料，这也是学生需要重视并阅读的内容，从中可以学到很多。比如全等三角形这一章节，让学生了解勾股定理、费马大定理，从而知道勾股定理的来历和发展。学习一元二次方程后有"高次方程的根式解与阿贝尔、伽罗华"的阅读材料，让学生更深刻地体会到解高次方程的"降次"思路。

这些阅读材料对求知欲旺盛的学生具有较强的诱惑力，能激发学生的学习兴趣，提高学生学习的主动性和积极性。

张蕾在给学生们讲有关数轴的新定义问题

（二）培养学生的数学阅读习惯，指导学生掌握数学阅读方法

阅读习惯是指阅读主体在阅读中针对阅读材料所表现出来的一种行为特征。它是在长期的阅读实践中培养起来的，短期内不易改变。良好的数学阅读习惯应该是学生带着问题有目的、有计划地主动阅读数学材料的状态。

学生若养成了良好的数学阅读习惯，便能自觉主动地阅读数学，改善阅读品质，提高阅读效率；同时，还能促进学生非智力因素的发展，如改善学习的态度，加强自制力，激发内在的学习欲望等。当然，学生若无计划、无方法、盲目被动地进行阅读，则会使阅读效果不尽如人意。

因此在课堂教学中教师要适时适度地进行指导，教会学生掌握阅读方法尤为必要。指导学生进行数学阅读，教师要把握“愤悱启发，相机诱导”这一原则。

1.“搭梯子帮扶”，提纲引领

教师选取难度不大且适合学生阅读的内容，并给予足够的机会让他们阅读。进行阅读时，可选择其中的一段或一节内容，合理安排学生阅读的时间。对于学生的阅读，教师可针对教学的重点、难点、关键内容编拟出阅读思考题与提纲，在提纲的指导下让学生带着问题去阅读教材，明白教材中的主要内容和知识点，通过阅读达到初步认识概念、定理、公式、法则的目的。有了提纲，学生在阅读教材时才会有目的地带着问题去思考，才会保持强烈的求知欲并努力去探索。

例如，在教学“中位数的认识”这节课时，考虑到“中位数”这个概念的特殊性，在新授环节，设计阅读提纲，让学生通过阅读教材中的内容，初步感知中位数的统计意义和求中位数的一般方法。阅读提纲如下：（1）教材引入了一个什么数？（2）使用这个数有什么优点？（3）这个数一般用来表示什么更合适？（4）你能尝试用一句话概括什么是中位数吗？学生阅读后，教师组织学生开展交流、讨论、汇报，协调学生的发言，参与学生的讨论，引导学生找出教材中比较重要的内容与段落，进行分析与理解。这样的教学方式，完全突出了学生的主体地位，学生阅读的过程就是学习的过程，学生交流讨论的过程就是进一步深化对知识理解的过程。学生在阅读的过程中，知道如果在一组数中出现偏大数或偏小数时，用平均数来表示这组数据的一般水平就不合适了，就需要引出“中位数”这个概念，在感受知识并产生强烈需求的同时，也逐步从中体会到中位数的统计意义，为下一步教学奠定基础。

2.“抓重点解读”，咀嚼推敲

数学教材中概念、性质、法则、公式以及解题方法、操作步骤的表述，往往具有更高的严密性和逻辑性。因此，在数学阅读的前提下，要对它们的遣词用字、表达方式进行反复地咀嚼推敲，以帮助学生逐步弄清结论成立的条件，准确把握结论的内涵。

概念是数学知识的基础和纲领，也是知识延伸的前提。因此，对概念的阅读理解与掌握是至关重要的。例如在学习函数概念时，为了加深对函数定义的理解，对概念剖析应逐句逐字进行解读：（1）“在某个过程中，有两个变量 x 和 y” 是说明：①变量的存在性；②函数是研究两个变量之间的依存关系。（2）“对于在某一范围内的每一个确定的值” 是说明变量 x 是在一定范围内取值，即允许值范围，也就是函数的定义域。（3）“y 有唯一确定的值和它对应” 说明有唯一确定的对应规律。（4）“y 是 x 的函数” 揭示了谁是谁的函数。经过解读，深化学生对函数定义的理解，并使其在头脑中对函数的定义形成完整的概念；乘势再引导学生列举生活中的例子，如用汽车的油耗量随着行车路程的变化而变化等来理解变量与自变量的定义。这样就提高了学生对函数概念的认知水平，深化了学生的知识构建。

阅读时要重视数学术语的阅读与理解。特别是在应用题中，经常会出现“同向”“反向”“相向”“至少”“最多”等专业术语，有的学生不理解，更不用说阅读了。而在几何问题中，“某条线经过某点”“同角或等角”“性质”“判定”等专业术语也是学生应该重点理解和掌握的。在初中数学中，经常会出现一些关联词，而且常常是“失之毫厘，差之千里”，比如“且”“或”“不大于”“不小于”“大于或等于”“小于或等于”等。

在几何证明的教学中，学生一开始就会接触很多定理、公理、推论，这些定理、公理、推论是几何证明的依据与过程。因此，阅读、理解、辨清这些定理、公理、推论就成了学生首先要做的事。例如垂径定理推论“平分弦（不是直径）的直径垂直于这条弦，并且平分这条弦所对的两条弧”，阅读时抓住为什么要加“不是直径”，学生们要充分展开讨论，结合图形深刻理解。又如平行线的概念“在同一平面内不相交的两条直线叫作平行线”，阅读时要抓住关键词句“在同一平面内”“不相交”“两条直线”。教学时要着重解读平行线是反映直线之间的相互位置关系的，不能孤立地说某一条直线是平行线，要强调“在同一平面内”这个前提，从而加深对平行线的理解。

3. “自主学习”，融会贯通

针对学生阅读能力的逐步提高，选择阅读内容时，除了学生通过阅读能理解和掌握的内容之外，重点应放在设计问题或学生提出问题加以探究、应用上，以达到教学的整个目标，从而使学生能真正利用知识解决实际问题，促进学生对数学知识真正意义上的建构。

教师在指导学生阅读、理解的过程中，应让学生参与阅读思考，要根据阅读材料合理设置一系列数学问题来驱动学生阅读，使学生带着问题进行阅读，同时通过训练培养学生自己提出问题的能力。

例如在学习一次函数的图像和性质的时候，课上在学生自主阅读的基础上，让学生对所学一次函数内容进行剖析、总结、交流，并要求学生熟练地用数学语言描述一次函数 $y=kx+b$（$k\neq 0$）的概念，准确地用数学语言表述解题过程，教师参与学生交流活动，并及时地对交流作出评价。在此阶段，课堂的教学重点应放在阅读辅导与阅读交流上，教师想讲的知识，通过学生自主阅读来完成，从而解决问题。此时，要求教师精心策划组织课堂教学。课后，教师应布置课外阅读内容并总结阅读内容，将所学的一次函数的知识做进一步升华。

自主阅读时还要点拨学生数学中的一些概念、定律、计算法则都是科学而又严谨的，一字之差而得到相反的结论是常有的事。

例如，下面的题目：

已知点 A，B，P 在一条直线上，有下列等式：① $AP=BP$；② $BP=\frac{1}{2}AB$；③ $AB=2BP$；④ $AP+PB=AB$. 其中能判断点 P 是线段 AB 的中点的有______（填序号）.

这道题是学生在经历知识的形成后加强阅读的练习，如果学生不认真读题的话，是容易做错的，因为之前做过一道类似的题目：已知点 P 在线段 AB 上，有下列等式：① $AP=BP$；② $BP=\frac{1}{2}AB$；③ $AB=2BP$；④ $AP+PB=AB$. 其中能判断点 P 是线段 AB 的中点的有______（填序号）。学生容易受这道题的影响，而忽略已知条件误填。

对这道题来说，学生通过群体讨论的方式进行交流，围绕阅读材料中提出的问题，即要明确线段与直线的区别，通过相互评价、相互补充、互相答疑，及时解决交流过程中出现或提出的问题，以实现牢固地掌握概念、定理与法则的目的。只有这样，才能切实提高学生的阅读理解能力，实现真正的数学阅读。这样就能从培养学生的阅读能力逐渐过渡到培养学生的自学能力，学生的阅读能力也会逐渐转变为自学能力了。因此，重视学生阅读理解能力的培养其实是一种创造性的活动，有利于学生的可持续发展。

（三）组织形式多样的数学阅读活动，全面发展数学阅读理解能力

除了课堂正常的口头交流外，还可通过数学手抄报、课堂笔记、数学日记、每周一题、妙题巧解、研究性学习、生活中的数学、数学史话等形式组织多样的读书活动，带领学生交流阅读体会，有利于学生互相学习、互相促进，调动所有学生阅读的积极性，刺激引发学生学习数学课程的热情，全面发展学生的数学阅读理解能力。

重视数学阅读，培养阅读能力，符合现代“终身教育，终身学习”的教育思想。众所周知，未来社会高度发展，瞬息万变，这决定了未来人们不仅要有扎实宽厚的基础知识功底，更需要有较强的自学功底从事终身学习，以便随时调整自己来适应社会发展的变化。而阅读是自学的主要形式，自学能力的核心是阅读能力。因此，教会学生学习的重头戏就是教会学生阅读，培养其阅读能力，为学生架起一座数学认知的桥梁。

整体把握学生学情　促进学生数学思考

■ 徐　近

新课程标准的首要目标是关注学生的发展，因此教师教学要面向每一位学生，尊重学生，关注学生，了解学生。我国的九年制义务教育课程改革牢固地建立在关注人的基础上。卡耐基梅隆大学的优质教学和教育创新项目的研究指出，教师需要在学生已有知识状况、智力发展水平、文化背景及学习经验和期望等四个方面了解学生，而教师备课中的学情分析通常都会以学生的认知作为基础，因此对学生的认知分析就显得尤其重要。

一、了解学生的认知基础

《义务教育数学课程标准》指出，数学教学应以学生的认知发展水平和已有的知识经验为基础。美国教育心理学家奥苏伯尔也说过，影响学习最重要的因素是学生已经知道了什么，我们应当根据学生原有的知识状态进行教学。可见，“学习”不是简单的信息积累，而是新旧知识、经验的相互作用。

我听过一节全等三角形的判定起始课，让学生探索两个三角形的角和边具备哪些条件就可以判定两个三角形全等。教师的教学过程是让学生用量角器和刻度尺画三角形来验证。首先先从一个元素开始验证，即先画一个三角形，让其中一个角等于 30° ，然后每个同学把所画的三角形剪下来，与邻座同学的三角形互相叠放在一起，看它们是否重合。再画一个三角形让其中一条边长为 5cm，再对比，从而使学生认识到两个三角形只有一条边或一个角对应相等时两个三角形不一定全等。紧接着再给出两个元素（两角、两边、一角一边）时，再画图，对比，得出结论。最后再研究给出三个条件时，时间就不够了，草草结束。

徐近在给学生讲数学题

这节课中蕴含了课程改革的元素：动手操作和自主探究。学生也确实理解了，知识点也落实了。但是在听课过程中感受不到学生参与活动和获得新知的兴奋感。课后做学生调研时询问学生：不用画图的方法，还有其他方法说明两个三角形只具备一个条件或两个条件时，三角形不一定全等吗？同学们都说举个反例就可以了，用我们手中的一套三角板进行对比，或者和老师手中的大三角板对比就可以显而易见地得出结论。显然，学生的几句话就可以将教师的问题解释得明明白白，而教师却用了 20 分钟，这就是教师忽略了学生的认知基础，只是为了让课堂凸显新课程的味道，而造成课堂效率不高、实效性不强。因此，教学要以学生的认知水平为基础，只有在学生的认知基础上进行教学，学生才能更好地感知知识，从而理解和掌握学习内容。这就需要教师在上课前调查好哪些是学生已经掌握的，哪些是学生必须掌握的。正所谓不打无准备之仗，只有真正了解学生才能使教学做到有的放矢，而不会做无用功。

二、了解学生的认知规律

只有遵循学生的认知规律，恰当处理教学难点，教师才能顺利开展教学，实现有效教学，学生才能顺利接受新知识，提升对知识价值的理解能力，引发情感价值观的共鸣，实现目标。

二次函数的知识是整个初中教学的重点内容之一，尤其是二次函数与方程（方程组）、不等式的关系，更是教学的难点。在研究二次函数与方程（方程组）、不等式的关系时，教师给出如下例题：已知二次函数 $y=x^2-2x-3$，如图 1 所示，请写出方程 $x^2-2x-3=0$ 的解。

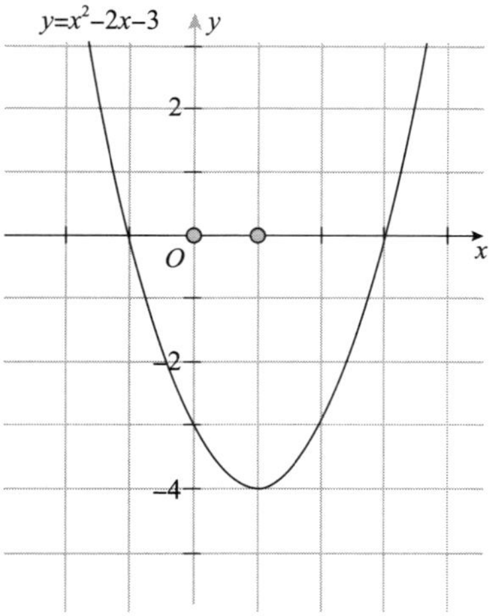

图 1

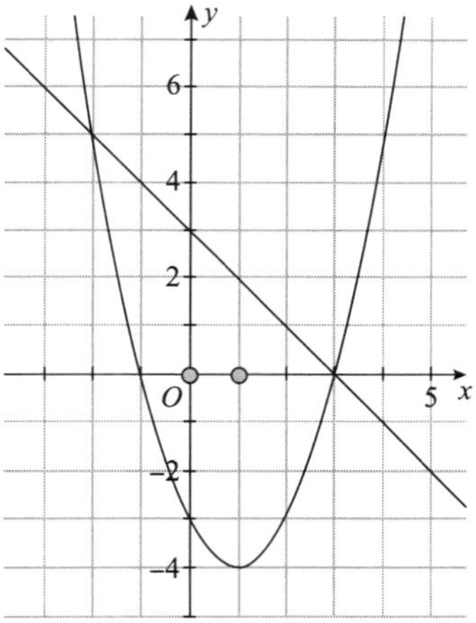

图 2

学生们大多都采用了解方程的方法来解答，教师的设计方案是希望学生能利用数形结合的思想，根据图像直接回答。因学生没有按照教师的思路走，教师就只能让同学观察图像与 x 轴的两个交点，说出方程的解。接着又让学生求方程 $x^2-2x-3=5$ 的解，而学生仍然选择了解方程，并没有用数形结合的方法。

教师本以为用数形结合的方法解决二次函数与方程（方程组）、不等式的关系问题是很容易被学生接受而且其优势是显而易见的，却没有想到事与愿违。

其实，一元二次方程和二次函数有着密切的关系，学生用解方程的方法来解答很正常，毕竟求方程的解通常所用的方法就是解方程，学生只在学习一次函数与方程关系的问题时尝试过数形结合的方法，但数形结合的思想方法学生正处在学习过程中，并没有达到游刃有余的水平，而且教师选择的方程又很适合直接计算，学生并没感受到教师说的计算的复杂和看图的简单。

即使学生用解方程的方法解决问题也没有关系，再让学生探究：已知二次函数 $y=x^2-2x-3$ 的图像如图 1 所示，求方程 $x^2-2x-3=-\sqrt{19}$ 的解。学生很可能再去解方程，可此时这个方程解起来就比较麻烦，学生已经初步感到计算有些复杂了。教师仍然可以先不引导学生看图，接着再让学生求出不等式 $x^2-2x-3>0$ 的解，学生还没有学习一元二次不等式的解法，自然无法解决这个问题。学生遇到了知识障碍。此时教师再引导学生从第一题开始利用观察图像、数形结合的方法解答问题，学生就会很虚心、很急迫地尝试新的方法是否适用。结果会发现二次函数与方程有着密切的关系，教师适时总结求一元二次方程（不等式）的解可以利用二次函数图像与直线的交点问题来解决。当教师再抛出图 2 求方程 $ax^2+bx+c=mx+n$ 的根的情况和不等式 $ax^2+bx+c>mx+n$ 的习题时，因为有了前面的铺垫和感知，学生一定不会再用计算的方法来解题，一定会巧妙地运用数形结合的方法来解决。

因此，教师一定要尊重学生的认知规律，方法的简单与复杂并不是教师说了算，而应该让学生体验、自己感知。教师在课堂上首先要尊重学生的认知规律，顺应学生的思维习惯。教师要大胆地采用学生的方法。也许学生的方法有点儿烦琐，计算量大，可能费点儿时间，会走一些弯路，但只有经过教师和学生的共同参与、共同讨论，在解决问题的过程中学生的困惑才会暴露出来，教师才可以对症下药。教师就是要巧妙地创设认知冲突，让学生产生学习新方法的需求，而不是一厢情愿地想把最简单、最好的方法教给学生，从而忽视了学生的认知水平，这样的后果是教师教得很累，学生学得也很累，教学效果还不会很好。其实教师在课堂上所做的一切最终都得由学生自己去实施，不管教师的方法有多巧妙，如果学生面对具体问题时想不到也是无效的。只有在尊重学生的认知规律，重视学生的学习困难这一基础上，学生对新知的印象才会更深刻，体会才会更深入，需求才会更迫切，教学效果才会更好。

三、尊重学生的认知需求

谈到学生的学习需要，很容易将其与学习兴趣联系起来，为此，教师满足学生需求的活动设计重点常常放在学生喜欢的数学活动形式上，比如创设现实情境、组织游戏活动等。这样做无疑对于吸引学生的注意力、调动学生的学习兴趣是有用的，但还远远不够，教师还应该关注学生对“学什么”有何需求。

在学习尺规作图时，学生在学习了作角等于已知角、角的平分线之后，不仅掌握了作图的方法，而且能够很严谨地说出作图依据。在黑板演示时有的学生选择了作平角的平分线（图 3），这样一来学生就能发现图中直线 *OC* 还是直线 *AB* 的垂线，说明学生已经发现利用角平分线的作法可以过直线上一点作出已知直线的垂线，而教材安排是先学习线段垂直平分线的作图，再进行作已知直线垂线的练习。那么根据学生的认知水平和需求，是否还有必要按照教材的顺序先学习线段的垂直平分线的作法呢？经过思考，教师还是觉得应该顺应学生的认知需求先来探索过直线外一点作已知直线的垂线的作法。因为根据点与直线的位置关系，当学生掌握了直线上一点作已知直线垂线的作法时，自然就会想去研究过直线外一点的情况。果然，课堂上学生对这个问题充满了好奇与信心，积极投入思考，总结了前面学习的作图方法基本上是利用尺规作出两组等线段，再加上公共边构造全等三角形。学生在这个认知基础上大胆尝试，虽然出现了图 4、图 5 两种错误的作图方法，但都被学生逐一经过推理验证而否定，最终在学生们的共同探究下探索出了过直线外一点作已知直线垂线的正确作法。在此过程中，教师仅仅是活动的组织者和观察者，并没有像教材安排的那样“教师演示，学生按照演示作图，再一起说依据”的教学顺序。这样设计，就是因为教师了解本班学生的认知需求。

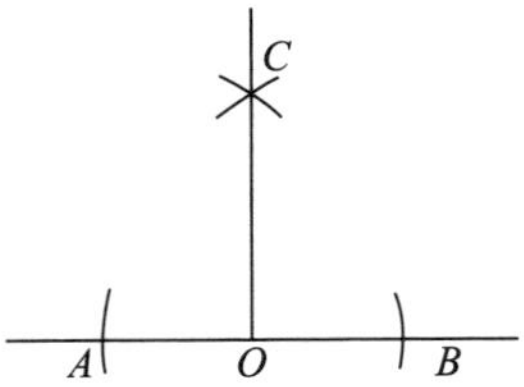

图 3

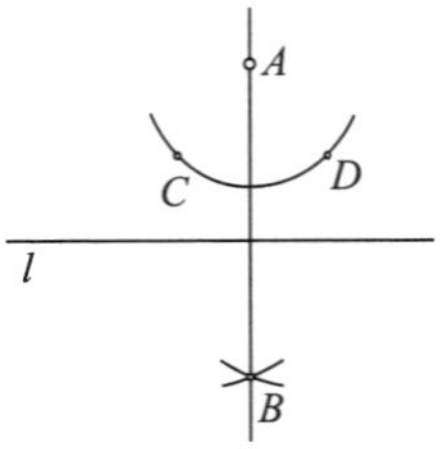

图 4

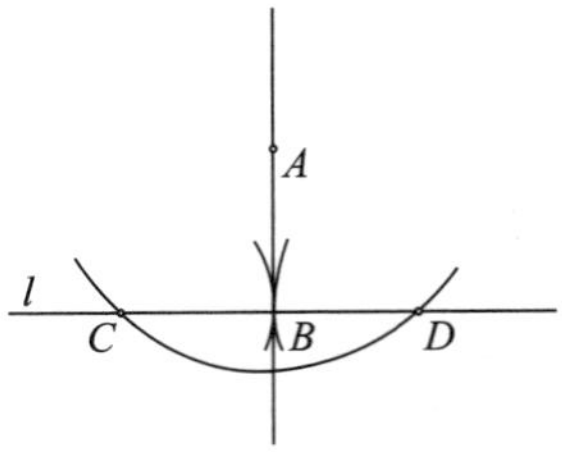

图 5

试想，如果教师没有考虑本班学生的认知需求，只是机械地按照教材的顺序授课，那么学生仍然只能在教师的演示下学习，极有可能就扼杀了学生的积极性与创造性，他们慢慢会习惯接受而不是主动质疑、主动探究。很明显，学生需要的是教师搭建一个可以创新的平台，他们已经具备了主动探索、思考、创新的意识，经过自己的思考、教师的点拨，他们探索出了过直线外一点作已知直线的垂线、线段垂直平分线的作法，这对学生思维能力的提高、创新思维的培养都是极有好处的。更重要的是可能会激发学生对数学学习的极大兴趣，这对他们今后的学习都是非常有益的。所以，教学设计要以学生为中心，要分析学生的学习需要，一切围绕着学生的“学”来进行，以灵活性和针对性为设计原则。学生的学习需要就是其实际的认知状况与期望达到的认知状况之间的差距。教师在进行数学教学设计时，必须充分考虑学生的身心状况和认知发展的特点以及学生的学习需要等。只有这样，才能根据学生的真实情况做好教学设计，满足学生的学习需求。

总之，关注学生，了解学生，读懂学生，整体把握学生学情，促进学生数学思考，才能使课堂充满生命力，更好地达成学习目标。

让数学阅读走进学生心中

■ 李海龙

在数学考试中，很多学生将没有理解题意或者没有看清题目归结为丢分的重要原因，其实丢分是学生阅读理解能力不佳的结果。长期以来，数学课堂存在一定的教学误区，忽略了学生阅读能力的培养，一定程度上既限制了学生综合素质的提升，也降低了数学学习的效果。

数学阅读是掌握数学语言的前提，是有效地进行数学学习的基础，是正确解题的重要途径。有效的阅读，可以提高学生的判断、分析、推理能力。《义务教育数学课程标准》强调，注重学生各种能力的培养，其中包括数学阅读能力、数学应用能力和数学探究能力。数学教学中对学生进行阅读能力的培养，是提高学生自主学习能力的一个重要方面。

数学阅读是通过阅读数学材料，建构数学意义和方法的学习活动，是学生汲取知识，发展数学思维，学习数学语言的重要途径。数学是一种语言，它的语言特点带有强烈的数学化信息，语言的符号化、逻辑化、严谨性及抽象性等特点，决定了数学阅读必须勤思多想、读写结合。

基于此，数学课堂教学应该革新思维，开展阅读教学，提升学生的综合素养，让学生学会学习。数学课堂的阅读教学不同于语文阅读教学。数学阅读的特点是：语言抽象，内涵丰富；逻辑严密，思维严谨。它是对数学符号、文字等内容的阅读，阅读的过程也是思考和探究的过程。

一、重视数学阅读，讲授数学阅读的技巧

数学课堂培养的是学生的思维能力，在此过程中有一些题型需要学生认真地阅读，如果不能读懂题意并搞清楚问题的已知量与待求量之间的关系，就会阻碍学生解题，降低学习的效率。为此，初中数学课堂教学中一定要转变传统的课堂认知和教育教学思维，重视数学课堂上的阅读教学，只有提升了学生的阅读能力，才能确保学生在解题的时候理解题意，提升他们的解题正确率。教师在讲课的过程中，要针对数学阅读的特点，传授一些能够提升学生阅读能力的方法和技巧。首先，要培养学生的阅读习惯，要引导学生认真阅读和仔细阅读；其次，要把握阅读的时间，在阅读的过程中让学生学会思考和探究，理清题目当中的数量关系；最后，在阅读的过程中，要做到眼、手、脑等协同参与，并学会质疑，学会发现问题、提出问题、分析问题、解决问题。另外，在阅读的过程中，学生要利用知识迁移，构建自身的知识体系，做到触类旁通，学以致用。

李海龙开展的趣味课堂

二、培养学生的预习习惯，提升学生的数学阅读能力

预习的过程既是学生自主学习的过程，也是阅读的过程。在预习的过

程中，教师要给学生提出一定的目标和任务，让他们在阅读的过程中简单地了解相关的内容，巧用知识迁移，构建新旧内容之间的网络联系，然后尝试解决课后的问题。通过预习，特别是阅读，学生在处理课后题的检测之后，大体明白了哪些内容是重难点，哪些内容没有理解，在书上做好相关的笔记，这些都有利于学生在授新课的时候做到有的放矢和有针对性地学习，自然就能提升学习的效果。为了培养和提升学生的阅读能力，教师可以依据预习的情况和目标有重点地精讲教材的有关内容，提高课堂效率。如在学习锐角三角函数的时候，教师给学生布置一定的任务来预习，比如锐角三角函数的概念，正弦和余弦之间的关系等。让学生带着这样的疑问去阅读，必定会促进学生阅读能力的提升。

三、精心设计教学情境，提升学生的阅读兴趣

在数学课堂上激发学生的学习兴趣，学生阅读的兴趣就会非常浓厚。教师要依据学情和教学内容，以语言训练为主要内容，创设问题情境，激发学生的阅读兴趣，进而培养和提升学生的阅读能力。所以教师在备课中，要从学生的实际出发，根据学生的认知结构，结合学生的生活经验，注重学生的情感体验，设计适合学生参与的教学内容，让学生在知识学习的过程中形成学习动机，提高学生学习的积极性，为优化问题情境、培养学生的创新意识打下基础。例如在设计“解直角三角形的测量与计算”教学内容中如何测量学校国旗杆的高度时，将学生带到操场国旗杆的位置，让学生通过思考、实践、观察，启发学生思考，让他们结合所学知识，进行方案设计、测量、计算，并以小组为单位，分享各组的测量方案。在此过程中，注意学生语言表述的准确性和科学性，教师适时地向学生示范规范的操作。这样一来，学生不仅会集中注意力看自己的探索是否正确，还会模仿和使用教师的规范化语言。最后再让学生对探索过程以及教师的语言描述做深入的分析和总结，从而弥补自己的不足，并发掘自己的亮点。经过

这样的教学处理之后，学生的数学阅读能力一定会大大提升。

四、利用生活实际问题和阅读理解题，开展针对性的阅读训练

数学的学习与数学符号是分不开的，在数学的教学内容中，有很多的生活实际问题和阅读理解题，这些都能有力地提升学生的阅读水平。比如在“数与代数”“空间与图形”“统计与概率”中，都有大量生动、有趣的与现实生活紧密联系的阅读理解和应用题，这些章节的相关内容，正适合对学生进行阅读能力的培养。特别是在作答实际问题的时候，一定要培养学生的阅读习惯。首先让学生仔细地阅读，读清题干，了解问题的已知条件和未知条件，然后用自己的语言表述问题的主旨。通过阅读分析，让学生在脑海中思考解题的方法，并能粗略地表达出解答的过程和路径。

苏联数学教育学家斯托利亚尔说：“数学教学也就是数学语言的教学。”而语言的学习是离不开阅读的，足见阅读对数学学习的重要性。这就要求教师应注重课堂教学中学生阅读能力的培养，提升学生的数学学习效果和解题能力。

英语篇

依托英语绘本故事培养学生的阅读素养

■ 徐晓雪

随着绘本阅读在小学英语教学中被广泛应用，越来越多的教师将绘本引入课堂。生动的图画与简单的文字相辅相成，能和学生们的思维形成互动。小学低年级学生的思维方式以形象思维为主，可以具体地、直接地感知和认识事物的个别特征和表面现象。他们好奇心强，喜欢模仿，想象力丰富，因此适合该年龄段学生的阅读活动应以分享阅读、亲子阅读、读后画图或表演为主。教师应从封面入手，对整个绘本故事以引导阅读和提问的方式，启发学生主动阅读和欣赏绘本。学生在阅读过程中观察、预测、思考、分享个人经验，有助于建立批判性的思维模式。对于小学低年级学生而言，他们更加侧重理解和欣赏所学的绘本故事，以形成初步的阅读能力和阅读品格，从而逐渐提高自身的阅读素养。

（一）默读启发学生更多思考

1. 分享阅读与默读活动相结合

图片环游分享阅读的过程，需要教师引导学生从个人经验出发，根据图片信息进行观察、分析和预测。在提出问题、分析问题和解决问题的过程中开展阅读，学习语言知识，体验阅读过程，构建意义，建立初步的批判性思维和预测想象能力。

教师应根据故事情节进展的需要，适度终止分享，用默读的方式代替。教师可在关键情节处终止分享，用问题引导学生发散思维，预测故事如何发展，为默读作铺垫。学生呈现出的语言和思维的发展往往超出教师的预设，这些都是在课堂中生成的宝贵资源。

徐晓雪在给学生们讲课

（1）实例一：攀登英语阅读系列神奇的字母组合 *Run after a Bird*。故事中主人公 Mr. Dirt 出门遛鸟，结果小鸟飞出了笼子。他追着自己的小鸟，跑了一路，经历了山坡、树林、河流、下雨等。在图片环游的基础上，学生对故事建立起了基本架构。

师：How does he feel？

生 1：He is tired.

师：Yes. He is very tired.

生 2：He is thirsty.

师：He may feel thirsty. What will he do next？

生 3：Drink water.

生 4：He will sleep.

生 5：He will go home.

生 6：He will catch the bird.

师：He will catch the bird. And He needs to drink some water. Good thinking. I like your idea. Now open your books and read the last part of the story. Find out what happens next.

接下来进入默读环节，学生自主阅读最后两页。故事结尾是一个半开放式的，Mr. Dirt 风尘仆仆地回到家门口，他又累又渴，自己的小鸟已经飞回家在阳台上等他了。有的学生发现自己的想法和故事不谋而合，感到十分激动。有的同学对故事结尾感觉意犹未尽，还接着说出了自己的想法。

生：我觉得他接下来要洗澡。

师：Why？

生：He is dirty.

师：Yes.He needs to take a bath and then go to bed.

（2）实践证明，带着悬念自主默读能更有效地激发学生的阅读兴趣。在分享阅读阶段融入默读活动，是教师在课堂中给学生提供的自主阅读空间。可以让学生在对故事的感知中，对文本和插图形成自己独特的理解，培养学生的批判性思维。

2. 默读的实施建议

（1）低年级学生注意力持续的时间短，自主阅读能力有限。因此，教师预留的默读篇幅不宜过长。

（2）默读形式枯燥，因此，预留的故事内容应是能够引发思考、制造悬念的片段，能调动学生的兴趣。

（3）短暂的默读结束后，应给学生提供交流的机会，教师即时反馈学生的阅读状态。教师可以通过提一个简单的问题，让学生带着问题自主阅读，然后针对问题进行反馈。

（二）朗读为阅读活动注入活力

1. 教师带读与自主朗读相结合

朗读可以培养学生阅读的流畅度，是阅读教学不可缺少的部分。针对低年级学生活泼好动的特点，教师在教学中应多创造机会让学生跟读、朗读、分角色读或小组表演。低年级学生乐于跟读，特别是配合故事的视频资源，更能激发学生跟读和模仿的兴趣。教师鼓励学生模仿绘本录音，关注绘本中语气的变化，能有效促进学生阅读的流畅度。根据故事的难易不同和学生接受能力的差异，跟读可以是部分故事片段，或故事中特定角色的语言。

（1）实例二：培生儿童英语分级阅读 Level 1 经典故事 *The Lion and the Mouse*。由于叙述故事的句子较长，低年级学生朗读完整的故事比较困难。因此，教师鼓励学生朗读故事中几个主要角色的语言。文本中 squeaked（老鼠），hissed（蛇），trumpeted（大象）这些词的出现起到了关键作用。教师引导学生听录音体会差别，领悟这三个词体现出的三种动物的生理和行为特点。学生说道：老鼠身体小，会发出“吱吱”声；蛇一般会发出“嘶嘶”声；大象鼻子长，发的声音像是从鼻子里出来的，继而模仿这些动物的特点和语气，用不同方式说出“I can help you”。在关注狮子的说话方式时，教师让学生默读故事，让他们自己在书中找出关键词。学生经过仔细默读，找到了 roar 一词。教师板书辅助学生提取关键词。

Lion	Monkey	Snake	Elephant	Mouse
roared	said	hissed	trumpeted	squeaked
Help！	I can help you！			

通过跟读、朗读和模仿，学生体会了故事的趣味性，对文本更加熟悉，拼读能力也得到了发展。之后，教师将学生分为五人小组，分别扮演故事中的角色，在板书的提示下，简单表演故事中动物营救狮子的片段。

（2）朗读活动是学习者对语言自我复现、梳理、内化的过程。通过多样有效的朗读活动，学生对文本中的语言信息更加熟悉，对语言的掌握更加牢固，对故事情节和意义的把握更加到位。学生对学习故事的兴趣更大，积极性更高。

2. 朗读的实施建议

（1）朗读故事应关注重复性高的词汇或句子。通过朗读，增加输入的频率，帮助学生逐步积累词汇，感知语法概念，产生句型意识，为语言输出提供资源和语感。

（2）朗读要关注故事角色特点。了解故事角色的背景知识，调动学生已有的生活经验和认知，有感情、有语气地朗读或模仿，能帮助学生深刻理解故事，使学习的情景变得更加生动，学习氛围更加轻松。

（3）朗读与默读要两者兼顾。朗读活动通常比较受学生欢迎，课堂气氛也活跃。一旦课堂中出现安静的默读，教师往往会产生焦虑。分享完整故事之后的默读，可以让学生再次沉静下来，进一步体会故事意境，对绘本学习者来说，是十分必要的。在教学中，教师应该将两种活动都运用在课堂中，让学生有更丰富的阅读体验。

英语绘本故事在课堂中的应用，不能仅限于简单的读图，而应通过引导学生读图来分析问题、解决问题、学习语言、提升思维。对低年级学生而言，他们更容易被插图吸引，教师通过提出问题，激发学生的阅读兴趣，让学生通过观察插图，展开丰富的联想和想象。在多种形式的阅读活动中，学生逐渐形成了自己对绘本故事的独特理解和批判性思维的启蒙，从而发展了自身的阅读素养。

基于阅读素养，在英语绘本教学中培养学生的多维度参与

■ 李红红

《义务教育英语课程标准》强调，英语课程标准承担着培养学生基本英语素养和发展学生思维能力的任务。基于语言与思维的密切关系，考虑思维多于认知活动，关注学生的终身发展。

《中小学英语分级阅读标准》指出，英语阅读能够提升学生的语言能力，发展思维品质，塑造良好的文化品格，促进学习能力的全面发展，提升核心素养。英语课堂应加强对学生阅读素养的培养，在活动中发展文化认知和多元思维，增强文化意识。

何克抗教授在《现代教育技术在课堂教学中的应用案例》一书中谈道：学生参与课堂是指行为参与、情感参与、认知参与以及社会化参与的有机结合。在此提出的学生多维度参与课堂就是指行为参与、思维参与、情感参与。行为参与是一种基本的参与课堂教学的形态，思维参与是指学生对知识进行认真思考的过程，情感参与是伴随着学习活动的积极情感。

因此，鼓励教师在英语教学中开展全学科阅读，通过绘本阅读，启发学生主动观察、预测、思考，在不断推测和阅读中发现问题、分析问题和解决问题，发展阅读技能，运用阅读策略，提升思维品质。鼓励教师进行英文绘本教学，这就要求教师掌握多维度参与的课堂教学策略。可选取适合学生年龄特点的，能激发学生学习兴趣的，有利于学生主动参与、动手实践的，有利于培养学生思维能力和创新能力的内容，也可以进行多学科融

合。减负激趣，促进学生英语核心素养的形成。

一、调动学生的情感参与

首先，可营造宽松民主的学习氛围。例如：教师要关注学生的情绪，创设良好的课堂氛围。当发现学生疲倦时，要融入趣味活动，引导学生唱一唱、动一动。教师要热情投入，和学生一起唱歌、跳舞；讲故事时要走近学生，引导学生全情投入。

李红红在给学生们上生动有趣的英语课

其次，可创设生动、有趣的英语学习情景。以 Eric Carle 的著名绘本 *Brown Bear*，*Brown Bear*，*What Do You See*？为例，运用动物歌曲导入，引导学生从熟悉的动物 rabbit，dog，cat，fish 入手感知，联想自己喜欢的其他小动物，如 elephant，squirrel，sharp 等，猜测教师喜欢的动物，自然地引出新故事 *Brown Bear*。学完故事后，教师将五彩斑斓的动物园呈现在学生面前，引导学生挑选故事中出现的动物。联系生活实际，引导学生观察教室内的事物，提问 What do you see in our classroom？学生通过观察，身临其境，勇敢表达。

二、调动学生的行为参与

首先，可运用丰富的组织形式。例如，个人观察图片、猜测动物、集体唱歌、小组创编绘本故事等。在活动中，教师关注活动的进程，根据学生遇到的不同困难，既可给予宏观方向的指导，又可给予具体词句的指导，必要时可以暂停活动，并针对比较集中的问题进行示范。

其次，可采用多种教学方法。例如，运用多种手段猜测动物，可以运用观察图片、观看动画、听动物叫声、描述法等。猜测猫咪时，出示尾巴图片，提示：It’s in our family. 学生会猜测：a dog，播放猫咪叫声进一步提示。学生会猜测：sheep. 教师描述：It’s fat. 学生猜测：Is it a pig？ No，it isn’t. Its name sounds “sh” “ee” “p” . 此外，可采取排序、朗诵、表演、创编等方法内化故事，调动学生的多种感官参与课堂，以激发学生的创造性和积极性，提高学生的综合素质和能力。

三、调动学生的思维参与

首先，可通过丰富的具有逻辑性的活动帮助学生学习语言。例如，抓住低年级学生活泼好动、善于质疑问题的心理特点，用不同方式引导学生猜测动物，从而过渡到生活中，观察教室中能够看到什么，进行师生对活，生生对话。运用所学知识和技能制作新的绘本故事。

其次，可引导学生进行深度思考，培养思维的创造性。例如，在猜测动物环节，故事原文是：I see a yellow duck looking at me. 学生在开始时不易输出整句话，但能够表达出 The color of the duck is yellow. 教师奖励学生动物卡片，鼓励学生勇敢输出较长的完整句。学生在表演时能够配以适当的动作，同时增添更加丰富的语言。学完故事后，发挥想象创编新的结尾或故事。

通过以上实践与研究，教师发现多维度参与活动时也需要一定的调整与改进。例如，如何使多维度参与课堂教学中的小组合作更有效？在进行绘本阅读教学时，小组活动无论是在理论上还是在实践中都得到了广泛认同，但如何使这种有效的课堂教学形式在小学低年级课堂教学中真正发挥功效，仍需进一步思考和研究。小学低年级学生年龄小，自我表现欲强，总希望成为活动的主角，因此不太关注他人的发言。小组合作学习是要引导学生学会倾听、学会合作，懂得尊重他人，并具有与他人合作的能力。因此，教师设计的小组活动应符合小学低年级学生的认知水平和语言发展水平。在合理分配小组成员的基础上，根据每位学生的特点合理分配任务，充分调动学生的积极性，引导学生在小组活动时养成认真倾听他人发言的好习惯。

教师通过调查发现，小组活动时有 36% 的学生不是总能认真倾听他人发言。在对学生访谈时，部分学生反映了这样的问题：当小组其他成员发言时，自己能否总是认真倾听取决于本小组的活动是否完成以及自己对话题感兴趣的程度。所以在教学中教师要注意示范到位，将说与动结合起来。

只有将三个维度完美结合，学生才能通过主动活动和积极思维获得知识，从而锻炼和提高他们的思维能力，这正是教育的真正意义所在。在“双减”政策下开展全学科阅读，不仅不会增加学生的负担，还可以增进学生的学习兴趣和自主学习的动机。

教材与分级读物整合设计问题链的教学策略分析

■ 张　研

《义务教育英语课程标准》指出："语言学习需要大量的输入。丰富多样的课程资源对英语学习尤其重要。英语课程应根据教和学的需求，提供贴近学生、贴近生活、贴近时代的英语学习资源。"在教材提供的语言素材的基础上，英语教师要拓展教学资源，为学生提供充足的语言素材，真正满足学生语言学习的需要。初一是小学和初中的衔接阶段，绘本中的图片能够大大提升学生的阅读兴趣。优秀的英语绘本具有丰富的词汇和真实的情境，可以为学生提供语言知识，发展学生的语言能力、阅读能力、想象能力及创新能力，还可以通过故事的阅读帮助学生养成良好的习惯，培养优秀的品格，更能让学生在阅读中习得语言的同时领悟道理，激发学习英语的内驱力，提高学生的英语综合运用能力。

在分析传统英语阅读教学过程缺乏完整性和连贯性，学生课堂参与度不够和教师课堂驾驭能力不足等问题的基础上，提出了问题链教学。问题链的英语阅读课堂具有两大特点：一是层次性。问题链并不是将文章所涉及的问题都罗列出来，而是根据文章的主题由浅入深，让学生一步一步地剖析问题，层层递进，将一系列问题串联起来，形成具有一定逻辑性的提问。二是综合性。对学生进行问题链的教学，并不只是为了学生能够理解文章的意思，而是要提高学生的综合学习能力。

怎样才能设置出巧妙的问题链，激发学生的兴趣和热情，引导学生不断质疑、不断探索，更好地理解阅读材料，从而提高阅读能力呢？下面以北师大版初中英语七年级教材 An Animal Story 这一课和绘本分级读物 RAZ 中 K 级 *One Pony Too Many* 为例，说一说教材与分级读物整合设计问题链的教学策略。

张研在给学生上英语课

一、选择绘本

根据学生的语言基础，选择与课内教学目标一致、主题相关联、难度适中的绘本。教学目标是教学设计的重要向导，是教学活动设计的关键依据。选择与教材主题内容相关联的绘本既丰富了学生的知识，也是对教材内容的延伸学习。An Animal Story 这一课，侧重动物与人的情感，所以教师授课的角度是以情感线贯穿全文。绘本 *One Pony Too Many* 同样是以“责任与爱”为落脚点，依然是走人与动物的“情感”路线。两篇文章除了要求学生认识生词、获取故事信息外，更重要的是体会人和动物之间的感情，尊重动物、尊重生命，而且两篇文章都是记叙文，所以将此绘本与课文进行整合恰到好处。

二、整合绘本与教材，设计教学过程问题链

（一）导入性问题链

良好的开端是成功的一半。如何有效地引出新课是教师应着重思考的问题。教师通常会利用图片、影音、名人名言或复习等方式进行导入，其目的是激发学生的学习欲望和阅读兴趣，使学生积极参与课堂活动，提高阅读质量。整合的两节课均利用图片导入，进行读前预测。

1. An Animal Story

给出学生打乱的图片，让学生描述并排序，从而预测故事内容。设置如下问题链：

Q1：What are these pictures about？

Q2：Can you describe these pictures and tell us your feeling？

Q3：Can you order these pictures to predict the story？

通过设置这三个层层深入的问题，学生马上就被带入到故事里，打开了思维，为第二组问题链教学的顺利开展作了铺垫和导入。

2. *One Pony Too Many*

展示普通马和pony的图片，提出问题：Can you describe these two horses？为学生创设情境，激发学生的生活体验和背景知识，让学生对比普通马和pony的区别，引出pony的特点，为后面阅读作铺垫。

展示绘本封面，提问：What can you see from the front cover？让学生观察封面，引出标题。提问：What does “many” in the title mean？让学生预测标题中“many”的含义，这一问题会提高学生思维的灵活性，发散学生思维。

（二）展开性问题链

在阅读文本的过程中，教师要适当整合教材，把问题设置在关键点

上，更好地突出重点，突破难点，保证课堂问题链的高效性。完整、连贯的问题链，可以引导学生逐步理清文本细节，剖析文本内涵，并形成对文本的整体认识。设置的问题不可冗杂烦琐，使学生疲于回答细节问题，而忽略了重点和整体阅读，造成课堂低效。因此，教师要根据每节课的不同教学目标，设置与文本主脉络相关的问题，如此才能有效地引导学生关注到文本的关键思路，有助于课堂教学目标的达成。例如，An Animal Story 这课以时间、地点为主要变化要素，讲述了 John，Anthony 和狮子 Christian 相遇、相识、相离、重逢、相惜的故事，从而让学生体会人与动物之间的情感。教师在引导学生阅读的过程中，把文章分为 Beginning（Meeting）→ Development（Knowing& Parting）→ Climax（Remeeting）→ Ending（Cherishing）四部分，每一部分设置同样的问题链。

Q1：When did this section happen？

Q2：Who were in this section？

Q3：Where did this section happen？

Q4：What happened？

根据以上问题链，学生可以迅速掌握文章的一些细节内容。与此同时，学生也可以在回答完问题后，明确故事的发展，成功获取故事信息，完成本节课的教学重点。问题的设置与教学目标、教学内容紧密相连，促进了英语阅读的高效性，也为下一步知识迁移打下基础。

（三）探究性问题链

探究性问题链是以学生为中心，为促进学生独立自主学习而设计的思考性的问题链。探究性问题链设计的一系列问题，可以调动学生的积极性和好奇心，引导学生大胆猜想，有利于培养学生深入探究的能力。例如，*One Pony Too Many* 这一绘本讲述了一个男孩从农场得到一只矮种马 Buttercup，他和父母细心照料 Buttercup，但最后迫于精力和经济的压力，把 Buttercup 和她的孩子送回农场的故事。在梳理与获取“领养中”的文本内容时，利用图片环游的方法进行阅读。图片环游是一种分享式阅读，学生根据图片信息进行观察、分析和预测。此部分图片特点鲜明，学生观察图片，教师提出问题：What happened？在预测过程中很容易猜到 make a house，eat flowers，eat fast and much，have a baby，need more money 等简单表述，读前的预测可以大大增加学生的阅读兴趣和信心。在阅读结束前，让学生大胆预测故事结尾，提出问题：Can you predict the ending of the story？What is it？ Why？读后的预测，提高了学生批判性和独创性思维的发展。

（四）递进性问题链

递进性问题链是根据学生的认知发展水平和学科知识的逻辑顺序，设计出来的循序渐进、螺旋式上升、波浪式前进的问题链，以推进故事情节发展。教师通过环环相扣的提问引导学生思考。例如 *One Pony Too Many* 这一绘本，读前预测后，继续展示图片细节，让学生注意观察图片中人物的表情，设置问题链：

Q1：What can you feel from their expressions？

Q2：Why did they look so sad or unhappy？

Q3：Why did the ponies make troubles every day？

根据以上层层深入的问题链，学生可以顺利梳理出文本的重点内容，即题目中“many”的内涵。学生在阅读中进行预测，关注了学生思维的敏捷性和深刻性。

（五）反思性问题链

反思性问题链旨在学生梳理、总结文本以及根据所学内容联系自身。例如针对 An Animal Story 这一课，梳理完文本内容后，设置问题链：

Q1：How did Christian feel when he lived in Africa？ Why？

Q2：Where is the best place to live for these animals？

通过了解 Christian 的经历，学生对 Christian 感同身受，从而延伸到讨论动物们适合的居住环境，呼吁人们保护动物、尊重生命等内容上。

例如针对 *One Pony Too Many* 这一绘本，设置问题链：

Q1：What did the boy realize？

Q2：Do you like the ending of the story？ Why？

通过设置开放性的问题，发散学生的思维，但始终要围绕着“责任与爱”这一主题，使学生在知识的构建中形成对责任和爱的深层认知、态度和行为取向，推动核心素养落地课堂。

综上所述，通过将教材与分级读物整合设计问题链的尝试，学生在学习教材的基础上，拓展了相关话题的绘本阅读，不仅巩固了课堂知识，还拓宽了文化视野。设置合理的、有层次的问题链，是促进课堂完整性、连贯性、层次感、区分度的重要措施，同时能够让学生轻松、清晰地完成阅读，极大地激发了学生的参与兴趣和探索欲望，提高了学生的英语思维品质，尤其促进了学生批评思维的发展，提高了学生解决问题的能力。当课内阅读与课外绘本整合后，学生真正在阅读过程中享受到了思维的乐趣，在问题中寻找到了事物的本质。为了使课堂更加高效，教师要尊重学生的特点，明确教学目标，精准解读文本，巧妙整合并设置问题，延伸和补充传统教学模式，为提高学生的阅读能力和发展思维品质作出贡献。

初中英语阅读课微合作模式下的提问设置实践研究

■ 李丽娟

随着课程改革的深入以及学校课改的大力推进，在初中英语阅读课教学中，我们更加认识到课堂效率的提高，是通过在教学实践中教师有策略地引领学生参与课堂来实现的。新课标指出：“动手实践、自主探索与合作交流是学习的重要方式。”在教师的指导下，有序地开展合作活动，是课堂教学的重要手段，也是学生身心发展的有效途径。课堂提问必须具有科学性和艺术性。

一、微合作与课堂提问的密切关系

在初中英语课堂中，经常采用合作学习（Cooperative Learning）的方式。“微合作”就是指在现实课堂上，教师与学生、学生与学生之间依据教学内容、方法、情境等有效课堂教学基本要素的需求，依据课堂活动、课堂生成等鲜活多变的学习元素、教学契机的需求，依据课堂成员角色、优势、差异等需求，多元化组建而成的微型、自主、灵活可变、行动性强的合作组队，分解任务、科学协作、探究实践，共同完成任务的模式。课堂提问是英语课堂中常用的一种教学手段，既是教师向学生输出信息的主要途径之一，也是沟通教师、教材、学生的主渠道和“铺路石”。而微合作模式的提出，更加将合作学习细微化和具体化。在英语学习过程中，学生的接受能力有着相当大的差异。有些学生只要认真学习，就能学好英语，而有的学生即使花再多的时间也是记不住。因此，在学习中指导学生进行微合作学习是一种非常有效的学习方式。在英语微合作过程中，教师提问设置的技巧以及引导学生间互相提问的技巧与方式等提问策略直接关系到组内各层次学生的课堂参与度。

李丽娟在给学生们讲课

二、当前合作模式下初中英语课堂提问普遍存在的问题

课堂提问缺乏策略性且不科学，将直接影响微合作的实效性。特别是随意性的提问设置，会形成以下极端状态，如表面上热闹，实际上是无序的；组内讨论无人发言，最终只能由优秀生发言，中等生特别是学困生完全不参与；教师想到哪里问到哪里，在设计课堂教学问题时没有充分考虑学情，设计的问题没有层次性，没有遵循从简到繁、由易到难的原则。这就致使优秀生的能力没有得到提高，中等生和学困生的课堂收获也不多；教师的提问形式单一，缺乏创新性和开放性，特别是教师不敢设置开放性问题，从而限制了优秀生的思维；教师控制了主要的提问权力，学生主要是被动问答，缺乏学生间的合作互助。

通过对当前合作模式下初中英语课堂提问普遍存在的问题的分析，针对在英语阅读课教学中如何使教师的提问设置有的放矢、不盲目、不搞形式化；如何针对不同层次的学生，采用不同的提问方式，让每位学生在课堂上都能找到自信，同时促进微合作的有效生成；如何依托教师问题的设置，使得学生的发散性思维有所提升；如何使课堂提问形式不再单一等问题，教师需要进行深入的思考和实践。这就需要教师在教学实践的过程中不断积累总结经验，使提问设置更加科学化、策略化。

三、英语阅读课微合作模式下提问设置的方式

（一）通过课前调查等形式充分考虑学情后设置问题

北师大版七年级下 Unit 4 Seasons and Weather，Lesson 12 Summer Holiday 为阅读课型，教师通过课前问卷调查了解到，所授班级 26 名学生，4 人有出国经历，20 人有跨省、市出游经历，学生的实际生活跟本课话题贴近，因而可以激发学生的兴趣。但是学生没有独自制订自己假期出游计划的经历，因而教师在设计问题时，以学情为依据，抓住学生的兴趣点所在进行引入提问：Have students get a free talk about their summer holiday by answering the question "What are you going to do on your summer holiday？" 全体学生很容易把握这个问题，有所说、有所述。即使是学困生也可以使用简单的词汇，例如 travel，study，play games 等来简单表达。中等生和优秀生更是能够深入表达自己的暑假计划。这样的问题设置是基于教师对学情的了解和掌握，是完全可操可控的。

（二）问题的设置应满足不同学习层次学生的需求并存在信息沟，以促使微合作的生成

教师的问题设置应满足不同学习层次学生的需求，要体现层次性，由简到繁，由易到难，既能激活优秀生的思维，又要给学困生一定的机会。针对不同层次的学生，使生生对问题的认知存在信息沟，这样学生间就可以通过微合作使彼此拥有的信息得到交汇，让每位学生在课堂上都能找到自信，充分自如地展现自己，从而提高课堂教学的高效性。在北师大版七年级

下 Unit 4 Lesson 12 阅读课型中，教师设置了 5 个问题：1. Where is Tim now？ 2. Who are going on a tour？ 3. Who will go on a tour in China？ Where are they going？ 4. When is Tim going back home？ 5. Can you match the dates with the places and describe the tour？问题的设置由易到难，层层推进，针对不同学生的认知水平设计了不同的问题，进行分层提问。问题 1 和问题 2 比较简单，可以直接从文中找到答案，所以适合基础薄弱的学生。问题 3 和问题 4 适合中等学生，鼓励他们可以分散找到文中答案并且用自己的话加以表述。问题 5 适合水平较高的学生，鼓励他们综合分析并创造性总结回答。同时各个问题间通过微合作可以得到最佳答案。从学生发展角度来看，各个层次的学生通过微合作学习，增强了合作的意识，培养了合作的能力，为学生的可持续发展奠定基础。有效的课堂提问设置既可以让优秀生和中等生充分阐述，又可以让学困生有所言，从而充分调动各层次学生思考的积极性。同时，学生间的信息量差不同，促使微合作的生成，从而实现小组内不同层次学生的讨论与互助，每个人都有回答问题的机会，虽然他们的水平不同，但是回答了适应他们的问题，他们就会感受到成功的喜悦。

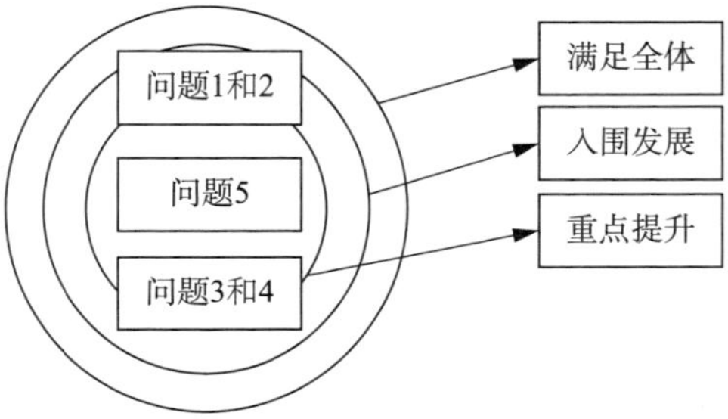

（三）通过大胆尝试设置开放性的问题，提升、发散优秀生和中等生的思维

在课堂提问的设置过程中，教师应敢于大胆尝试设置开放性的问题。只要教师一系列问题的设置是在逻辑性的原则下进行的，引领学生层层深入，终会促使学生特别是优秀生的思维发散开来，使其潜能得到挖掘，探究力

得到不断发展，进而寻求到答案。在北师大版七年级下 Unit 4 Lesson 12 阅读课型中，所设置的核心问题为“What does the postcard talk about？”在学生第一遍仔细阅读之前提出核心问题，并给予选择 It’s about study？ Tour？ Plan？学生进行初步判断，随后教师引领学生进行论证。在此部分，教师将采用开放性设置和讲解，即设置三个入口，且会根据课堂上学生的实际回答进行讲解。如果学生选择 It’s about tour. 教师将深度设问并引导讲解什么时候，作者打算去哪些地方；如果学生选择 It’s about study. 教师将追问，作者将要学什么，体现在 learn Chinese 的表述上；如果学生选择 It’s about plan. 教师将促使学生通过阅读找到作者在中国打算进行的活动有哪些，体现在北京、西安等地方的旅行路线中。这些信息理应是教师在备课过程中充分预想到的。

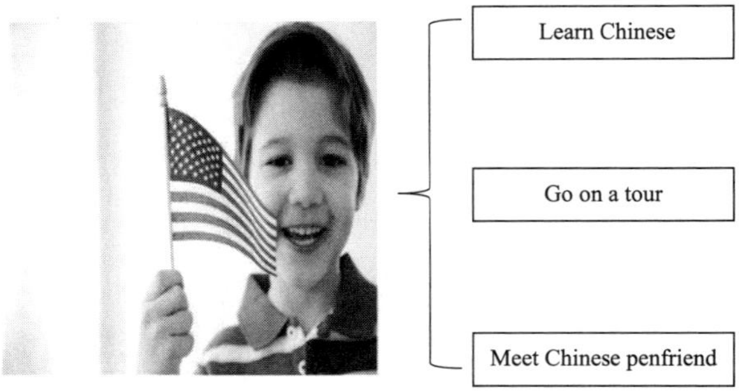

What is Tim going to do in China on Summer Holiday？

通过以上的详解，激发学生分析、反思对核心问题的理解是否全面，最后得出结论：It’s about study and tour plan. 因而，教师的提问是开放性的。教师表面上是根据学生当时的所答进行讲解分析，实际上是在备课环节做了充分的准备，预想到每个答案学生所给理由的可能性，并引领学生进一步分析和探究。

（四）微合作模式下的生生提问形式

微合作教学模式下的提问，既可以是传统的教师提问，也可以是在教师引导下的学生间的互问，鼓励不同层次学生的参与。学生间问题的提出，也一定是在教师任务的引领下有的放矢地进行的，同样是微合作的产物。在北师大版七年级下 Unit 4 Lesson 12 阅读课型中，教师设置任务："Have students do the group work to make the tour plan for May Day Holiday and show."引领学生间通过互问方式，以 Who？ When？ Where？ What are you going to do？等问题形式实现微合作下任务的完成。这样，学生间的互问就体现了对阅读课型中读后任务的完成情况，也是在输出环节的表现形式。

四、分析与讨论

教师在设置问题的时候，应该使学生的微合作从无疑到有疑再到无疑，使学生由未知到有知，由浅入深、由表及里。同时，微合作也使得学生从回答问题中获得喜悦感和成功感，同时对同伴的满意度和认同感大大提高，也促进了今后更多微合作的生成。在北师大版七年级下 Unit 4 Lesson 12 阅读课型中，教师通过一系列问题链的设置，引领学生阅读文章，分析问题，发现其对核心问题（"What does the postcard talk about？"）的推断是否全面，进一步促成同伴间微合作活动"make a tour plan"的顺利完成。

核心问题（"What does the postcard talk about？"）问题链	
Choice：Study？ Plan？ Tour？	个人思考与同伴间微合作的过程
Proving：If tour——Where's Tim going in China？	
If study——What's Tim going to study？	
If plan——What's Tim going to do？	
Analyzing：Only tour？ Only study？	
Conclusion：Plan.	

因此，有效的课堂提问设置与微合作间是存在相互作用力的。初中英语阅读课堂教学的高效性与学生自身素质的全面发展、创新能力的培养息息相关。只有实现了英语课堂教学的高效性，才能更好地保证课堂教学质量，让学生掌握更多的知识。因而在不断的教学探索中，以微合作模式为载体，在课堂中不断探索课堂提问的策略，以多种形式的课堂提问方式激励学生英语学习的兴趣，使不同层次的学生，有意愿、自觉地投入到课堂中来，并主动参与课堂活动，从而达到课堂高效的目的，这便是课堂授业的真正意义所在。在不断的教学探索中，微合作的课堂模式将会更加完善课堂提问的策略性，学生由于知识掌握的差异程度和信息沟的存在而产生必需的合作。同时，课堂提问的策略性也不断地促进了微合作方式的生成。因此，两者密不可分，相辅相成，共促英语阅读课堂教学的成功推进和顺利开展。

初中英语课外阅读的教学设计

■ 刘亚萍

初中学生的英语课外阅读需要多读、多思，这样才能够掌握阅读的精髓，理解并牢记英语知识。作为英语教师，我们要制订符合学生实际情况的阅读计划，循序渐进地引导学生进行阅读，逐步提高学生的阅读能力，发挥学生的主体作用和教师的主导作用，实现阅读教学的实际意义，促进学生阅读水平的提高和英语素养的提升。

对于初一年级的学生来说，他们已经有了一定的阅读能力，教师需要做的是激发他们的阅读兴趣，让他们在阅读过程中体验读书的快乐，感悟文字的优美，并在活动中渗透一些简单的读书方法，养成“不动笔墨不读书”的好习惯。

一、提高阅读的趣味性

初一学生正处在成长的关键时期，这一时期的学生活泼好动，性格张扬，喜欢展示自我、表现自我，为此，我们要抓住学生的性格特点，采取有针对性的教学策略，提高教学的趣味性和生动性，激发学生学习英语的热情和兴趣。为学生营造轻松愉快的学习氛围，让学生置身于逼真的语言环境中，让阅读“活”过来。而充当人物角色的学生会积极表现自己，主动阅读，变死读书为活读书，和书本进行沟通交流。

（一）读物分析

我们以《木偶奇遇记》为例。当仁慈木匠皮帕诺睡觉的时候，梦见一位蓝色的天使赋予他最心爱的木偶皮诺曹生命，于是小木偶开始了他的冒险。如果他要成为真正的男孩，必须通过勇气、忠心以及诚实的考验。在历险中，他因贪玩而逃学，因贪心而受骗，还因此变成了驴子。最后，他掉进一只大鲨鱼的腹中，意外与皮帕诺相逢……经过这次历险，皮诺曹终于长大了，他变得诚实、勤劳、善良，成为一个真正的男孩。《木偶奇遇记》想象大胆，情节富有趣味性，能够激发学生的阅读兴趣，吸引学生去认真品读故事内容，感受皮诺曹的成长变化历程，并从中受到教育。

（二）作者简介

《木偶奇遇记》的作者卡洛·科洛迪，原名卡尔洛·洛伦齐尼，1826年11月24日出生在意大利托斯坎纳地区一个叫科洛迪的小镇。他的笔名便是由这个小镇的名称而来。科洛迪精通法文，曾翻译过法国贝罗的童话，为广大小读者所喜爱。科洛迪一生写过许多短篇小说、随笔、评论，然而最著名的要数他写给孩子们看的童话故事。这些童话想象力丰富，人物形象栩栩如生，情节曲折动人，为他赢得了巨大的声誉。每个作者都有不同的生活背景，接触到的事物、人物也不尽相同，所以才会有不同的作品风格。再者，时代背景的不同，作者本人经历的不同，会让读者有更深刻的体会。了解作者以及时代背景，将更好地帮助我们理解作品。

二、巧设问题

在各科教学中，问题设计贯穿于教师的教学过程，因此，在初中英语的教学中，问题设计也至关重要。合理设计问题有利于启发学生的思维，从而引导他们进入语篇学习。

（一）阅读中要有问题引领

问题紧扣话题，凸显思路，包含诸多信息，问题所用句型要符合学生已有的知识水平，并有一定的坡度，便于学生理解和运用，以调动学生的学习兴趣。另外，问题的设计要联系生活，贴近学生的生活实际，使学生充分感受到语言源于生活，学习语言是为了今后更好地生活，从而激发他们的表现欲和学习热情，把所学的知识运用到生活中，并能解决问题。针对《木偶奇遇记》可设计以下问题：

（1）How did the puppet come about？小木偶是怎么来的？

（2）How did he get along with school and play？他平时上学和玩耍的情况怎样？

（3）Why did his nose get longer？ What happened？他的鼻子为什么会变长呢？后来怎么样了？

（4）Why did a little puppet become a donkey？小木偶为什么会变成驴？

（5）What other trouble did the puppet have？ Who helped him？小木偶还遇到了什么麻烦？他得到了哪些人的帮助？

（二）用思维导图解决问题

培养学生的语篇能力是英语教学的重要任务。思维导图作为一种非常实用的思维工具，能利用学生的发散思维，通过图文并茂的方式，简单直观地呈现重点信息，引导学生的思维活动和学习过程。通过思维导图，形成对语篇的整体感知，抓住重要信息，梳理语篇结构，促使学生语篇能力的发展，同时突出显示语篇信息，增强学生对语篇中信息的记忆和理解。

三、阅读方法指导

在教学中教师应该灵活巧妙地渗透、运用英语阅读技巧和策略，帮助学生有效地学习和阅读英语故事或短文，这样会为他们今后的英语学习奠定良好的基础。

（一）渗透略读法

略读又称跳读，是一种非常实用的快速阅读技能。所谓略读，是指以尽可能快的速度阅读，这就要求读者有选择地进行阅读，可跳过某些细节，以抓住文章的大概，从而加快阅读速度。

刘亚萍在给学生们讲课

在初一阶段，教师不能一开始就要求学生独立阅读故事或长篇文章，因为学生还没有具备更多的阅读技巧和能力。一旦遇到生词，学生就会觉得阅读困难、学习枯燥无味，从而产生厌学情绪。因此，在开始进行阅读训练时，教师可要求学生把不认识的单词和不理解的句子跳过去，只要求读懂大意即可。

（二）恰当运用寻读法

寻读又称查读，同略读一样也是一种快速阅读技巧。与略读不同的是，它带有明确的目的性，可有针对性地寻找问题的答案，比如从资料中迅速查找某一项具体事实或某一特定信息，如人物、事件、时间、地点、数字等。寻读既有速度，又准确。在寻读时，阅读者可以把整段的文字直接映入大脑，不必字字句句过目，眼光要自上而下、一目十行地寻找与问题相关的词句，一旦发现有关的内容，就稍做停留，将它记住或摘下，无关的内容则很快略过。运用这种方法，阅读者就能在最短的时间内略过尽可能多的阅读内容，从而找到所需要的信息，在回答有关who，when，where等细节问题的时候，用此方法一般都可以很快找到答案，可以说“一查即得”。为了完成任务，学生饶有兴致地读了起来。借此时机，教师就可以鼓励学生运用寻读法快速阅读短文或故事，学生会对这样的阅读感兴趣。

此外，还包括猜测词义、预测、分析、判断、推理、归纳、总结等阅读策略。在初中英语教学阶段，教师有必要对学生进行英语阅读策略的指导。

四、学生交流

（一）品析语言，摘抄好句

俗话说“好记性不如烂笔头”，说的是人的记性再好，也不如时常拿笔记录下我们认为有用的东西。所以学生要学会从文章中摘录有用的好词佳句。我们看文章时，发现有哪些词汇或句子用得好、写得妙，好在什么地方，可以把它们摘录到自己的本子里。反复品读积累的词句，体会作者运用词汇和好句的妙处，学生会在头脑中留下深刻的印象。在《木偶奇遇记》中，学生摘抄的好句有：

（1）As soon as Pinocchio heard the fierce dog’s quick breathing behind him，he did not dare to look back.He felt his hot breath.

匹诺曹已经听到这条恶犬在他身后很急促的喘气声，他不敢回头看，他感觉到了它呼出的热气。

（2）The sea was as calm as a crystal mirror.

大海平静得像一面水晶镜子。

（3）As soon as Pinocchio reached the beach，he jumped into the water with a neat splash like a little frog.

匹诺曹一到海边，就像小青蛙似的，很利落地“扑通”一声跳到了水里。

（4）In this world，one good turn deserves another.I will repay you if I get the chance.

在这个世界上，善有善报，只要有机会，我会报答您的。

（5）Pinocchio，trembling with the certainty of his death，was too frightened to beg for his life.

匹诺曹眼看必死无疑，不由得浑身发抖，害怕得透不过气来，根本没法子哀求饶命。

（二）感受人物的特点

（1）读完这个童话，你印象最深的是什么？他的朋友“小灯芯”给你留下了什么印象？

（2）请抓住“小灯芯”的外貌描写品析语言，感受人物的特点。

（3）你喜欢他这样的朋友吗？应该如何交朋友？

（4）如果有辆马车，你会去吗？匹诺曹的态度有什么变化？这些变化说明了什么？

（三）表演读

根据课文内容编对话，通过角色扮演、双人或小组活动，教师为参加者配角色、设置情境等，让学生身临其境，以身份说话，以表演的形式说出课文内容。例如，匹诺曹是怎样被“小灯芯”说动去“玩儿国”的？

（四）谈谈体会

学生们读了《木偶奇遇记》后的感想如下。

做人要诚实。在文中匹诺曹因为说谎被仙女惩罚了，长了长鼻子，匹诺曹说他再也不说谎话了，最后仙女原谅了他。尽管现在我们说谎不会像匹诺曹一样长出长鼻子了，但“仙女”也会惩罚我们，这个“仙女”就是我们的心灵。我们会因为说谎而脸红，而惭愧，所以我们也要向匹诺曹一样，改掉说谎的毛病，做一个诚实的好孩子。

不要被诱惑。匹诺曹就是因为被两个坏人骗去当马戏团的演员，两个坏人说这样会挣到很多钱，他就轻易相信了，所以他被马戏团团长抓到笼子里了。所以，我们要认真思考、仔细观察，才能不被这样的坏人所诱惑，成为一个不被坏人欺骗的好学生。

做人要勇敢。匹诺曹和他的爷爷被大鲨鱼吃到肚子里了，匹诺曹和他的爷爷坐着木筏在鲨鱼打瞌睡的时候冲了出来，可是木筏散了，匹诺曹以为他和爷爷会被沉到海底，可是他一直感觉有一种力量让他往海面上浮，然后他紧紧地抓住了爷爷，他们就一直浮上了海面得救了。我们要勇敢地面对困难，在困难面前不要慌张，就能把困难解决掉。

总之，学生英语阅读能力的培养和提高不是一蹴而就的，而是需要教师和学生的共同努力才能逐步实现阅读教学的目标。在这一过程中，只要我们能根据学生的年龄特点和英语学习规律，灵活地运用各种阅读教学的策略和技巧，做到激发学生参与阅读的积极性，做到将课内的学习与课外的阅读相结合，学生就会扩大知识面和提高阅读速度，就会摒弃逐词、逐句的阅读习惯。世界上最动人的皱眉是在读书苦思的刹那，世界上最舒展的一刻是在读书时那会心的微笑。让我们拿起书，以书为伴，畅游在多姿多彩的课外阅读中，让阅读成为我们终身的陪伴。

优化英语阅读教学 促进学生思维发展

■ 王 军

英语学科的核心素养主要由语言能力、思维品质、文化意识和学习能力四方面构成。思维品质是在个体的思维活动中体力特征的表现。作为核心素养的思维品质，不同于一般意义的思维能力，也不同于语言能力、核心素养中的理解能力和表达能力，而是与英语学习紧密相关的一些思维品质。然而在实际阅读教学中，一些教师设计的阅读任务仅仅局限于文本浅层信息的处理，缺乏深层理解的训练。初中英语阅读课教学不应止步于表层信息处理，而应该开展文本的深层阅读活动，把思维品质的培养与阅读能力的训练有机结合起来。

一、以往英语阅读教学设计的不足之处

在英语阅读教学课堂上，英语教师经常使用读前、读中、读后的阅读模式，思维基本被固化，缺少相应的变化，学生的阅读兴趣不高，不愿意参与枯燥乏味的阅读。而在平时的教学中，教师在阅读课教学设计中更多地关注词汇、语法、文章细节等表层内容的讲解，大多忽视对文本主旨和深层含义的挖掘。学生一节课都在寻找文本中细节问题的答案，根本无须动脑就能完成相应任务。因为缺少了深层次的思维训练，学生的思维想要发展便是不可能的，并且阅读策略也被很多教师忽略了。

二、优化阅读设计的策略

优化阅读教学可以对原有的三段式教学模式进行适当调整，为学生设计由浅入深的教学环节，以促进学生思维能力的发展。以北师大版八年级下 Unit 2 Communication Lesson 6 The Texting Generation 的四个阅读课教学片段为例，探讨如何优化阅读设计，达到促进学生思维发展的目的。

王军在给学生们讲课

（一）合理利用文本中的插图或标题，激活已有知识，培养预测探究能力

学生在拿到阅读材料后，其中最直观和最吸引人的内容就是插图和标题，而这两者都是作者将文本内容浓缩后提炼出的精华。教师可以引导学生激活已有的知识，并对将要阅读的文本进行大胆预测，从而降低学生对于长篇阅读材料的恐惧。同时，还可以激发学生的阅读兴趣。

教学片段 1

“手机”是这篇文章的主角，教师引导学生观察文本中的插图，并设置合理的话题让学生进行自由讨论。

T：Look at the picture.What is the person doing in the picture？

S：The person is texting.

T：Yes.What do you often do with your mobile phones？

这幅用手机发信息的插图的作用就像一个开关，立刻打开了学生的思维，学生愿意预测和说出自己所看到的。第二个问题“What do you often do with your mobile phones？”更能激发学生的求知欲，帮助他们发挥预测和探究的能力。

教师可以通过头脑风暴的方式把学生关于手机用途的关键词板书在黑板上，并把他们提出的问题也呈现出来。在接下来的阅读中，学生通过自己的理解，用简洁的语言来回答，在求知欲得到满足的同时，其预测和探究等思维能力也得到进一步发展。

（二）整体把握语篇，整合思维，提高归纳概括能力

教师在进行英语阅读教学时，经常把大部分的精力放在细节问题的解读上，而忽略了语篇的整体结构。学生的头脑中只有零星的片段，无法将它们整合起来，归纳概括能力得不到发展。因此，教师要引导学生从整体上把握文本的结构和组织模式，鼓励他们对文本进行归纳和概括。

教学片段 2

让学生通过快速阅读找出每段的关键词，并用自己的语言概括段落大意，再通过段落大意归纳出语篇的主要内容和作者的写作意图，这种方法

有助于提高学生的概括、归纳等思维能力。

手机是学生很感兴趣的话题，学生又有相关的背景知识，所以大大降低了阅读难度。但是为了能让学生更好地梳理文章的脉络，教师通过抓重点词汇的方式来引导学生独自概括段落大意，最后总结出文章的主要内容。这样做不仅可以很好地达到以读促写的目的，而且学生的归纳概括能力也得到了应有的训练。

（三）关注阅读细节，吃透文本，发展判断推理能力

真正的阅读是读者主动去理解文本，并形成自己独特的见解。如果教师在阅读教学时只是引导学生按部就班地获取文本信息、解答问题，那么就无法培养他们的思维能力，学生只能被动地跟着教师的节奏，没有自己的想法。所以，教师应该引导学生利用文本已有的信息进行判断推理的训练，让学生寻找文本的主要线索、理解文本的主要内容和作者的写作意图，使其成为真正的阅读者。

教学片段 3

在学生阅读文本后，教师设置了三个判断题，要求学生判断正误并找出依据。

1.（　　）Teenagers text more than adults and girls test more than boys.

2.（　　）Texting didn't become common until about 2000.

3.（　　）Texting has become very popular and it can not cause problems.

问题能引发人们的思考。要想培养学生的判断推理能力，就需要精心设计问题。学生思考的结果可以体现在回答中，其思维过程也能通过回答显现出来。

（四）深度挖掘文本，发散思维，促进创造性思维能力

创造性思维引领着当今社会发展的潮流，其重要性不言而喻。所以在

教学实践中，教师必须引导学生发散思维，注重对创造性思维能力的培养：在进行阅读设计时，可以针对某一个点进行发散，让学生结合已有的知识和经验，创造出一片属于自己的天空。

教学片段 4

T：Mobile phone has become very popular，but it can also lead to a lot of problems.

As teenagers，how to use mobile phones properly？ Talk with your partners and write down your ideas.

从使用手机发信息到如何合理使用手机的话题过渡，自然且符合学生的生活实际，学生在讨论的过程中能表达自己内心的想法。在展示的过程中，教师应更注重学生那些新颖的想法。在教师的鼓励下，学生才会更愿意跳出文本的限制，自主思考，从而达到提高创造性思维能力的目的。

英语阅读不仅能促进学生阅读能力和思维能力的发展，而且在教学过程中，优化阅读设计还能帮助学生深层挖掘阅读文本，逐步提高学生的阅读能力和思维能力。因此，教师在设计教学环节时要进行不断优化，应注重培养学生发展思维能力的意识，循序渐进地提升学生的思维能力。

英语教学中培养学生创新意识的几点尝试

■ 张红梅

奈斯比特曾说："处于伟大的知识经济时代，我们最需要的是创造力和创新精神。"当今世界知识更新速度很快，学生学习的性质应当由传授性、继承性转变为探索性、创造性。教师不仅要重视知识传授和能力培养，更应重视激发和培养学生的学习兴趣，使他们形成有效的学习策略，养成良好的学习习惯。

创新教育是素质教育的具体化和深入化，包括创新意识、创新思维、创新技能、创新情感和创新人格的培养。创新教育强调以学生为主体，通过启发式教学，让学生主动参与教学过程，并在自主学习中培养独立思考和创造的能力。

初中生探究事物的好奇心很强，而好奇心往往是产生兴趣的最初根源，有了兴趣就会主动去观察、去思维、去想象、去行动。因此，教师在设计课堂教学时运用新奇、多样的教学方法，不仅能够激发学生学习的主动性和积极性，还能够培养学生的创新能力，使学生对知识的掌握起到事半功倍的效果。

一、听力教学中激活学生的创新意识

听是语言交际活动中最基本的形式之一，也是语言学习过程中最初始的感知环节。教师在教学过程中，应尽可能多地为学生提供语言环境。比如我们在学习课本或其他课外听力材料时，可以通过听前联想和听后质疑两个环节，培养学生的创新意识。

（一）听前联想

1. 图片联想

教师事先通过图片展示，要求学生通过观察图片猜测联想相关内容和主题，针对主题进行讨论，并预知将要听到的内容。如外研版初二年级上第四模块第二单元，在听课文之前可以展示希望工程和农村孩子渴望上学的图片，让学生猜想这是关于中国教育的哪类问题，这些孩子不能上学的原因，如何帮助他们等；然后给出相关问题，再让学生在听课文中找答案。这样做可以激活学生的思维，并使学生在讨论过程中充分展开想象的翅膀，不仅培养了学生的创新思维，还增强了学生学习的自信心。

2. 创设情境进行联想

在训练听力之前，教师可以预先设定好一个情境，让学生置身于情境之中，发挥想象，说出内容主题后，教师再放听力进行练习。

（二）听后质疑

听完一篇材料后，请学生自己提出一些较深层的问题，并通过讨论由学生自主作答。无论是提出疑问或给出答案，或进行评价，都可以是丰富多彩的，教师既不要加以限制，也不要予以暗示，这样有利于激发学生的创新思维。

二、语言教学中训练学生的创新意识

（一）创建语言环境

由于学生普遍存在害羞、怕错等心理，对开口说英语往往缺乏主动性和积极性。为此，当教师对学生进行说的训练时，要在课堂上创建良好的语言环境，比如用英文名字，出英文板报或标语，讲打电话内容时给学生准备电话模型，讲看病对话时分角色进行表演等，并让学生自己表演英文小品及课本剧等来激发学生的学习兴趣。教师要鼓励学生用自己的话“说”，并充分体现学生的个性思维。创设语境是让学生张口说的关键，也是最能调动学生积极性的方法，因此可以成立英语学习兴趣小组，把学生带到真实的交际情景中，让学生在宽松的环境中无拘无束地发挥想象力。

张红梅在给学生们讲课

（二）运用游戏培养学生的创新意识

教师设计课堂活动应适应初中生求新求变的心理特点，集知识性、趣味性、激烈性、竞争性于一身。学生是课堂活动的主体，课堂活动的设计需要学生参与，要使学生在活动中有说有笑、有比赛、有竞争。同时要使学生在有趣味的语言环境中进行语言实践，当学生始终处于兴奋状态时，思维反应会更加灵敏。

例如在讲解“形容词原级、比较级、最高级”这一知识点时，可以将全班学生分成 A、B 两组，A 组先出三名学生，B 组学生用英语讲出他们的特征。B 组出三名学生，A 组用英语讲出这三名学生的特征。比如 A 组站出三名高矮不同的学生，B 组学生可以说：

Tom is tall.

Peter is taller than Tom.

Jack is taller than Peter.

Who is the tallest？

Jack is the tallest.

……

B 组三名学生可以拿着三个大小不一样的球，A 组学生可以说：

Mary’s ball is bigger than Lucy’s.

Jane’s ball is bigger than Mary’s.

Is Jane’s ball the biggest of all？

Yes，Jane’s is the biggest.

……

学生们都在生动活泼、精神高度集中的气氛中获取了知识，并通过所准备的材料联想出要说的句子。这一游戏不仅可以使教师了解学生对知识的掌握情况，还可以提高学生运用语言的能力和创新思维的意识。

教师在教授时态或句型短语时，可以运用接龙游戏检查学生对知识的掌握情况。比如讲完一般将来时后，让学生想一想，这周日要去做什么，然后问："What will you do this Sunday？"学生 A 回答："I will go to the Great Wall."然后 A 再问学生 B："What are you going to do？"B 回答完再问 C。提问既可以用特殊疑问句，也可以用一般疑问句，回答时不能重复别人的答案。这个游戏不仅可以训练学生的快速思维能力，还复习了动词词组。学生在快速问答中操练了句型，掌握了知识，思维和反应能力也会大大加强。

（三）运用多种方式进行教学，培养学生的创新意识

教师在语言教学中，还可以选择和运用多种方式，如组词成文，教师

提供词汇，学生将这些词汇组成短文，遣词造句。学生通过用新单词造句，既可以巩固所学知识，又可以培养思维能力。又如复述课文，教师给出提示词语，让学生联想课文内容，再把课文的主要内容复述出来。另外，教师还可以让学生口头编对话、口头作文，培养学生的想象力和说的能力。

三、阅读教学中挖掘创新意识，培养学生的发散思维

发散思维是指根据已有信息，从不同角度、不同方向思考问题，从多方面寻求多样性答案的一种思维形式，是创造性思维的核心。

阅读，不仅仅是采集信息、吸收信息的过程，还是通过理解、加工获得新知识的过程。因此，从阅读过程中挖掘创造思维的因素，是有效地训练学生创新思维能力的一条途径。

（1）读前预测。阅读之前教师可以让学生借助标题、关键词或情景等环节对要阅读的内容进行预测，培养学生的发散思维能力。

（2）读后质疑。读后质疑是启发学生透过表层意思挖掘深层内容的过程，需要学生有丰富的联想、主动的思维，最终提出有质量的质疑。

四、培养学生通过写作来提高创新思维的意识

写是语言的综合运用，是表现创新思维的手段，这种表现可以通过三种方式表达：看图作文，给出几幅图且不作任何文字说明，让学生联想，编故事，充分发挥每个学生的想象力与创造力；改写，让学生通过对原材料的加工处理，用自己的思想再创造地表达出来；扩写、续写，在原材料的基础上拓展思维，扩写、续写出更丰富的内容。

五、通过布置作业培养学生的创新意识

学生在课上充分发挥主体性和创新性的同时，教师要创设各种机会，鼓励学生主动参与，把他们智慧的火花尽量激发出来。没有积极主动的学习，

就不能有效地培养学生的创新精神和创新能力。教师要有意识地加以引导，把课堂上所学的内容延伸到课外，把课外这个第二课堂变得生动活泼，增强学生学习知识的兴趣，使得课外成为课内所学知识的有益巩固与补充，从而促进课堂的教与学，达到学以致用的效果。

教师在布置作业方面也要为学生营造出创新思维的环境，如此才能达到培养学生创新意识的目的，如画图法。初中生容易接受生动形象的事物，动手能力也很强。在讲完一篇短文或知识点后，可以让学生画一幅画，然后讲出所画内容。比如讲完表示方向的词 east，south，west，north 及 in the east of，to the south of 等知识后，让学生画一幅学校的平面图，画出办公楼、教学楼、操场等的位置，然后在课上让学生指着自己所画的图进行介绍。利用这种方法不仅可以掌握学生的学习情况，还培养了学生动手、动脑、动口的能力。最后还可选出几份优秀作品，通过打印机输出后奖励给创作者。通过这种方式，学生的创新能力得到极大的发挥，还培养了他们之间的合作精神，为他们今后从事社会工作打下了良好的基础。

应该说，学生的创新潜能贯穿于教与学的整个过程，教师在教学过程中首先要具备强烈的创新意识和大胆探索的观念，如此才能按照学科特点，为学生营造出创新思维的环境，才能达到培养学生创新意识的目的。

总之，教师应注意学生创新意识和能力的培养。造就和培养新时代创新型、创造型的人才是历史赋予我们的任务。扎扎实实地抓好学科教育的每个环节，不断培养学生的创新意识，促进学生创新能力的提高和发展，才能达到培养学生创新意识的目的。

综合篇

物理学习中的阅读

■ 佟雪艳

近年来阅读越来越受到重视，但很多时候阅读依旧被狭隘在语文领域。传统的阅读路径与阅读模式，让很多人容易将阅读概念的内涵与外延狭窄化，更多地偏向于文科，特别是文学的阅读。在有些学校，学生其他学科的阅读除了教科书，几乎处于零点。如果阅读是零散且无目标的，将难以支撑学习的持续与深层发展。目前，中小学开设的任何一门课，都可以借助阅读实现学科与学科之间的彼此融合，借此触摸到各门学科的文化与精神。所以，中小学学科阅读既是学生自身阅读发展的大趋势，也是奠定其未来发展的基础。全学科阅读突破文科类阅读的门槛，涉及更广泛的学科领域，涵盖文科、理科、艺术等多学科。其阅读材料包括教科书阅读、试卷阅读以及本学科与跨学科的整本书阅读等多个层次。从阅读群体的角度来说，全学科阅读是广泛而全面的；从阅读个体的角度来说，全学科阅读因需求不同表现为具体而有个性的。要保证未成年人获得必要的阅读指导，就要根据未成年人的身心发展状况和实际情况，加强培养其阅读兴趣、阅读习惯和阅读能力。通过对学生进行有效的阅读指导，激发其内在的阅读兴趣，使其养成良好的阅读习惯，掌握有效的阅读方法，形成科学的阅读策略。物理阅读不是为了学习物理而阅读，而是要在阅读的过程中发现物理。学生一定要做到融入阅读，体会物理存在的价值。

一、物理阅读读什么

北京市昌平区第五学校开展的物理阅读主要有课内阅读和课外阅读两部分。课内阅读包括：物理教材的阅读、科普短文的阅读。课外阅读包括：科技馆展品知识的阅读，参考资料为《体验科学——中国科技馆物理实践课》，还有科普读物，如《时间简史》《科学探索者》等。

二、物理阅读怎么读

（一）课内阅读

物理课上教师都会让学生阅读课本上的“知识窗”“相关链接”栏目，北师大版物理教材提供了丰富的阅读资源。比如在讲长度和时间的测量时，“知识窗”栏目涉及了国际单位制、米是怎样定义的、光年；“相关链接”栏目涉及了秒是怎样规定的，讲述了随着时代的发展，秒的规定也在不断地变迁。通过这些内容的阅读，学生学到了关于时间和长度的丰富知识，开阔了视野，提升了学习兴趣。

在中考物理考试中有科普阅读的题型，学生通过阅读科普短文，回答相应的问题。问题一般包括：检索信息类问题；应用文中的方法解决简单物理问题，解释简单物理现象；联系生活实际进行简单设计。科普阅读起到了很好的导向作用，体现了考试即学习的理念。因此，在日常的学习中，我们也会选择合适的科普文章，指导学生进行阅读。阅读方法的指导是必不可少的，我们会指导学生圈画重点语句；理清文中的逻辑关系，并和已有物理知识建立联系；思考科普文章中提到的方法和技术与现实生活的联系。经过长时间的训练，学生掌握了科普类文章的阅读方法，提高了阅读能力，也能很好地理解了物理存在的价值。我们阅读的文章有《编钟》《碳海绵》《超声波》《蛟龙号》《特高压输电》《电磁波》《圭表》《古代时间的测量》等。

佟雪艳在给学生们讲授物理知识

（二）课外阅读

物理的课外阅读包括很多内容，学生可以看一些科幻小说，从而对其中的黑洞、时空弯曲等产生兴趣。同学之间可以讨论，也可以请教教师，教师和学生在交流中彼此了解，师生关系会因此更加融洽，学生学习物理的兴趣也会更加浓厚。教师还可以开展一些主题的阅读与展示，比如机器人、人工智能、能源的开发与利用、能源与环保等。学生也可以自主选择读物，与同学们展开交流，并制作手抄报进行展示。

课外阅读时，我们会选取《体验科学——中国科技馆物理实践课》一书中的内容，结合相关视频让学生了解中国古代的科技成就，我们还做过关于中国古代指南针的专题学习。

三、物理阅读给学生带来的变化与收获

（一）学生们爱上了阅读

很多学生会利用课余时间阅读科学技术方面的书籍，关注科学技术的发展动态，形成了爱科学、爱物理的特点，对大自然和宇宙万物充满兴趣。兴趣是最好的老师，学生对感兴趣的知识会学得更好。

（二）学生头脑里充满了好奇

学生会对很多物理学的经典问题充满好奇，如薛定谔的猫、爱因斯坦的相对论、熵增原理……这些问题，教师一时也说不明白，这也促使教师去学习，促使教师充分理解了终身学习的必要性。

（三）课堂充满了生命活力

喜欢阅读的学生的思维是灵活的，眼光是灵动的。学生敢于提问、敢于质疑，课堂上会有很多思维的碰撞，产生智慧的火花。在充满生命活力的课堂，学生好学、乐学，自然也会学得更好。

四、物理阅读的发展方向

（一）物理阅读在课堂、课外，随时发生

物理阅读需要教师规划方向，需要教师系统指导，需要给学生展示交流的机会与平台。我们要做的是根据学生思维发展、心理发展的特点推荐适合学生的阅读内容，设计好主题与环节，让更多的学生在阅读中收获智慧与成长。

（二）实现师生共读

师生共读是基于学科课程，从浅阅读到深阅读的发展过程。全学科阅读背景下的师生共读，首先要关注阅读文本的整体性，读学科经典。学科经典是教科书的深化，师生可以从中体悟学科思想和方法。其次要与学科教学相互浸润。以学科教学内容和学科阅读方法为基础，将教科书阅读、试卷阅读与学科经典的整本书阅读统一起来。

总之，对于学校和教师来说，正确理解和科学实施全学科阅读是全学科阅读推进的关键。全学科阅读的专业支持主要包括两个方面：一是全学科阅读方法与策略的支持，二是全学科阅读评价的支持。这些问题有待于我们进一步的实践与探索。

化学科普阅读见解

■ 张宇明

随着中考改革的不断推进，在提高学生阅读能力和学生中华民族文化认同感的前提下，各种自然学科也开始增加学科相关科普知识阅读内容和与传统知识相联系的内容。但是学生在进行化学学科的科普类文章阅读时，遇到了比较多的问题。为此，我将从科普文章、学生阅读化学科普文章障碍的分析及解决、科普文章阅读的意义三个方面阐述对化学科普阅读的见解。

一、科普文章

科普文章通常具有科学性、思想性、通俗性、知识性。科普文章就是把已有的科学知识、科学方法以及融于其中的科学思想和精神，通过文字的形式表达出来，而使之成为读者能理解的文章。

（1）科学性。科学性是所有自然学科的生命，科普作品也不例外。科学必须从客观规律入手，探究客观事实真理。作为认识化学世界和了解化学世界的作品，科普阅读文章应该担负着向普罗大众普及化学科学知识的重要任务及启蒙化学思想的职责，所以更应该保证其科学性。因此，面对初中生化学学科的科普文章，无论是从科学性、知识性，还是内容角度，其知识一定是正确的，逻辑关系一定是清晰的，科学精神一定是积极向上的。因此，我们在阅读的同时也应该抱着一种学习的态度来阅读相关文章。

（2）思想性。科普是科学技术和社会生活之间的一座重要桥梁，它在向同学们传递知识的同时，也让我们感受到了其中蕴含的科学思想和科学精神，宣传着科学的世界观，以此可以提高学生的科学素养。以 2021 年北京中考化学试卷第 29 题为例，题中简单介绍了碳元素的发展史，从碳的存在形式及其目前的多种用途使阅读者简单了解了碳的广阔发展前景，理解了化学家研究某种物质的坚持不懈的精神和为人类作出的伟大贡献。

（3）通俗性。科学知识通常都是晦涩难懂的，科学研究方法也是多种多样的。如何能够在保证知识客观性的同时，使其生动有趣、深入浅出是作者应该考虑的重要问题，这就要求不能只照抄原文，或者在科学概念中忘我而不能自拔，这样只会使读者远离文章。因此，学生在面对科普文章时，一定要相信自己目前的科学素养和文学素养是完全可以读懂科普文章的。

张宇明

（4）知识性。科普文章通常以向大众宣传科学知识为主要目的，文中除了通俗易懂的文字外，还包含图画、表格，以及说明等信息形式。学生们在阅读文章的时候，也要注意提取以上重要信息，以增加自己对文章的理解。

二、阅读科普文章障碍的分析及解决

（1）说明对象。文章中一般都会着重说明一个物质，一种现象，一个内容。在阅读开始时就要明确文章的说明对象，把说明对象和已学知识联系起来，一般中考中的科普阅读文章都是以已学知识为基础的，这时调动已有知识对我们理解文章就会有非常大的帮助。

（2）说明角度。文章说明了什么具体物质，是从物质来源、性质、用途、回收方式、循环利用、开发前景等的哪些方面进行阐述的。明确说明角度有助于学生理解文章的目的，这是帮助学生深入理解的重要方法。

（3）说明内容的详略安排。中学生阅读的科普文章的内容相对较少，知识性也比较简单，文章一般只能就某一方面内容进行比较详细的阐述。因此，读懂文章中的详略安排，再根据题目内容进行筛选是我们在回答问题时需要注意的。

（4）文章的说明顺序。科普文章大都运用逻辑顺序，在语言表述上会有比较明显的特征。我们阅读文章时要理清顺序，注意时间、空间等的不同顺序，这样对于学生深入理解文章也很有帮助。

（5）文章的段落结构特点。对于文章中每段内容的安排，作者一定是有所意图的，看文章一定要看开头和结尾，这两个位置通常能够帮助我们快速地理解文章大意；同时也要重点梳理文中的内容。

（6）文章语言的准确性。明确一些肯定性词语在文中的位置以及所起的作用，体会文章在这里用比较准确的词语是为了表达哪些（如性质、范围、程度、数量、概念）具体知识，在后续的题意理解中，这些肯定性的词语可以帮助我们从某一角度比较准确地理解文意。

（7）文章对应的开放性试题。文章对应的具体内容往往具有延伸性和扩展性，我们在面对这些问题的时候往往可以谈一谈体会和认识。对于此类内容，我们可以结合原文，注意实际，在审题清晰、思路明确的基础上，应从积极的角度回答问题。

三、科普文章阅读的意义

（1）丰富知识。目前，各个学科所涉及的知识面都比较广，特别是自然学科也开始涉及更多的阅读内容，可以说阅读科普文章，就是在理解考试的内容。比如 2021 年北京中考化学第 29 题，学生如果在平时的阅读中就已经对碳元素及其应用前景有所了解，那么再阅读此篇文章时，学生就会比较得心应手，平时科普知识的积累越丰富、越完整、越广博，学生在看到此类题目时就会越轻松。此外，在现在的化学教材中，学科历史文化和现代化学的结合也比较多。比如 17 世纪中叶到 19 世纪中叶是化学开始作为独立学科的形成和发展时期，从 19 世纪初英国化学家道尔顿提出原子学说，发展到近代化学以微粒对化学进行研究，从而解释了更多化学现象。后期，门捷列夫发现了元素周期规律，并编制了元素周期表，化学在此基础上形成了自己的科学体系。

（2）科普阅读能够有效地帮助学生锻炼逻辑思维能力，有助于学生分析和解决实际问题。现在，很多学生在看待一个问题或者题目时总觉得无从下手，不知道该怎么解决，这是因为缺乏逻辑分析问题和推理问题的能力。要真正学会解决问题，还需要从如何拆解问题和分析问题入手，而这样的思路，在科普文章阅读中得到了非常好的体现。科学家发现问题、分析问题、得出结论的过程，有着一套非常严密的思维逻辑，必须有推理和论证的过程来支持。比如 2017 年北京中考化学科普短文，大家一般都认为二氧化硫是空气污染物，短文从食品工业、硫酸工业和化石燃料三个角度对二氧化硫进行了比较详细的阐述，用比较平实易懂的语言告诉读者，二氧化硫在食品防腐、漂白、抗氧化等领域有着非常广泛的用途：在工业领域，二氧化硫是重要的化工原料；在燃料领域，它的过多排放导致了空气的污染。短文使读者比较全面地认识了二氧化硫在人类生产生活中扮演的角色，培养了学生从更加全面的角度认识一个物质的素养，从性质、用途到结论，培养了学生从逻辑出发看待和解决问题的能力。

（3）科普阅读能够帮助青少年探讨科技问题，以发展的眼光看待当今社会的飞速进步。学术讨论不是简单的谁对谁错，而是能否从正反两个方面、人类的可持续发展，以及能源、健康、环境等角度对问题加以解释，这是当今社会中的学生非常缺乏的一个能力。学生在阅读科普文章的同时，还可以学会以更加严谨的语言和专业词汇来回答问题。比如学生在了解了当今中国用二氧化碳合成淀粉的先进工艺后，对于碳元素在自然界的循环和利用，以及碳元素在人类社会中扮演了什么角色，就有了比较清晰的认识，在回答有关碳循环的问题时，就可以从元素、化合物、能量等角度对人工合成淀粉有相对专业的认识，能够更加深刻地理解科学进步对于人类社会文明的伟大意义。

（4）科普阅读能够培养学生的专注力。当今社会是一个追求短、平、快的世界，各种信息扑面而来、交错凌乱，很多学生习惯于从抖音、百度获取大量的信息和知识，但是对于得到的内容，他们往往不能进行冷静地分析和思考，没有考虑信息的真实性和准确性，用没有经过提炼和思考的信息指导生活和学习是非常危险的，因此科普文章的阅读有助于学生沉下心去阅读，去思考和解决问题。培养学生处理复杂信息的能力，最简单有效的方法就是深度阅读，当从科普文章中了解了一个知识后，如果再遇到相同或者类似的问题时，就可以从更加科学的角度解释问题、处理问题了。

阅读是一种手段，其最终目的是帮助学生获得更重要的学习能力、思维能力，也是在潜移默化地培养他们的科学精神，使他们受益终身。

放错地方的资源——提高学生的阅读能力

■ 王海燕

学生的阅读能力在各个学科的学习中都有着重要的作用，化学学科也不例外。本节课以“放错地方的资源”为例，培养和提高学生的阅读能力。垃圾分类这件人人身边都能发现的小事，也是一件关系社会文明水平的大事，还是一件影响中国绿色发展转型的实事。在全国范围内普遍推行垃圾分类制度，关系到广大人民群众生活环境的改善，关系到垃圾能不能减量化、资源化、无害化处理。要让广大人民群众认识到实行垃圾分类的重要性和必要性，让更多人行动起来，培养垃圾分类的意识，养成垃圾分类的好习惯，全社会人人动手，一起来为改善生活环境努力，一起来为绿色发展、可持续发展作贡献。“放错地方的资源”这节课以垃圾分类、垃圾焚烧发电为载体，体验垃圾分类的重要意义、化学工业生产中的能量转化以及在实际投产中所选取的设备和效益最大化问题，以培养学生思维的连续性和全面性，提高学生的阅读能力。

一、从图片阅读分析入手，提高学生的阅读能力

课前设置垃圾分类小游戏，让所有同学都认识到“垃圾分类、人人有责”的社会责任。

游戏规则：下列是垃圾卡片和实物，把卡片和实物分类投放到相应的垃圾桶中。

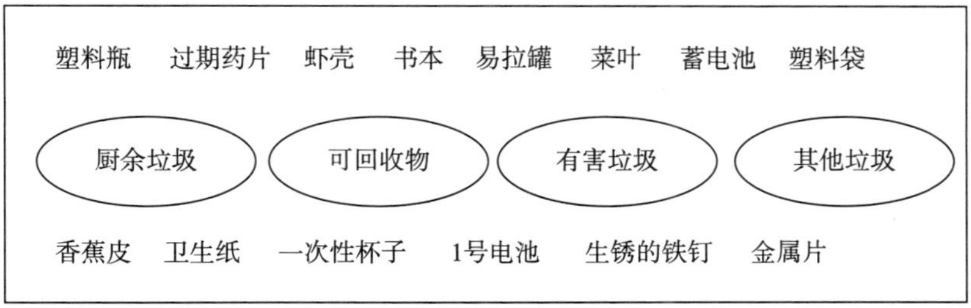

二、从数据阅读分析入手，提高学生的阅读能力

分析数据，思考垃圾分类的重要意义。

资料 1：北京市每年生活垃圾清运量

2010 年：635 万吨　　2011 年：634 万吨

2012 年：648 万吨　　2013 年：671 万吨

2014 年：733 万吨　　2015 年：790 万吨

2016 年：873 万吨　　2017 年：902 万吨

2018 年：929 万吨　　2019 年：1011 万吨

资料 2：变废为宝

1吨废钢铁可提炼好钢900千克
1吨废纸可再造850公斤好纸
1吨废玻璃可再生产2万个容量为1升的玻璃瓶
1吨回收的易拉罐可少开采20吨铝矿
1吨废塑料可回炼600公斤的无铅汽油和柴油

垃圾分类变废为宝：厨余垃圾可堆肥；可回收物可再生产利用；有害垃圾需要专门处理；其他垃圾可焚烧发电或填埋。

资料 3：垃圾焚烧

垃圾通过焚烧可减少质量 70%，减少体积 90%。垃圾焚烧后再填埋，可以有效地减少对土地资源的占用。垃圾在卫生填埋场中的分解时间通常需要 7~100 年，垃圾焚烧 2 小时就能处理完毕。

因此，通过可回收物可以生产可再生产品，实现资源循环再利用，节约资源，减少垃圾处理量。

三、从科普阅读分析入手，提高学生的阅读能力

王海燕

阅读文章，思考垃圾焚烧发电过程的方法。物质中含有能量，储存在物质当中的能量叫化学能，它只有在发生化学反应时才能释放出来。

其他垃圾经分类投放、分类收集、分类运输，送到垃圾焚烧发电厂。经地磅称重后，将垃圾卸到垃圾仓中，由于其他垃圾中含有一定量的水分，存放一定时间，可以使垃圾中的有机质充分发酵，多沥出水分，提高入炉垃圾的热值。垃圾焚烧发电的第一步就是要让垃圾燃烧，垃圾经过堆放发酵后，由垃圾吊送入焚烧炉中。垃圾中的物质储存着化学能，在燃烧的过程中化学能被释放，发电厂把这些能量最终转化为电能。发电的第二步就是要使用垃圾焚烧产生的热能将水加热成水蒸气，通常在余热锅炉中进行，然后将热的高压水蒸气引导到汽轮机，推动汽轮机的叶片高速转动，汽轮机使蒸汽的热能转化成机械能。第三步就是发电。汽轮机驱动发电机旋转发电。

其他垃圾焚烧产生的烟气中含有二氧化硫、氯化氢、重金属和二噁英等物质。二噁英系一类毒物质，其毒性相当于剧毒物质氰化物的 130 倍、砒霜的 900 倍。工业上常用石灰浆吸收烟气中的二氧化硫、氯化氢气体。活性炭可吸附烟气中的重金属和二噁英。

垃圾发电不仅可以解决环境污染问题，带来环境效益，还可以对生活垃圾中的能源给予再利用，解决能源问题，为社会带来巨大的能源效益。因此，垃圾发电应该立足环境效益，在解决环境问题的同时，提高能源转化率。

四、从生产实际分析阅读入手，提高学生的阅读能力

通过垃圾是放错地方的资源，各种垃圾的后续利用等让学生认识到垃圾的资源属性需要在一定的条件下才能体现。现代社会的一切活动都离不开能量，化学反应在发生物质变化的同时伴随着能量变化，是人类获取能量的重要途径。“放错地方的资源”以垃圾焚烧发电为载体，体验化学工业生产中的能量转化以及在实际投产中所选取的设备和效益最大化问题，培养学生思维的连续性和全面性。由其他垃圾的焚烧处理转入焚烧后热量的再利用问题——焚烧发电，让学生通过阅读文章展示垃圾焚烧发电的过程，由工业目的到所用到的学科知识再到工业生产实际中用到的设备流程图，给学生的流程图展示搭建台阶，在过程中不断将碎片化思维进行整理形成连续性思维。在流程图展示中，小组不断思考物质充分燃烧的条件和燃烧后烟气的处理，以实现化工生产中效益最大化，考查学生利用学科知识解决实际问题的能力，借此培养学生思维的全面性。通过展示垃圾焚烧发电工艺流程图，学生对自己所学的内容产生意义感和价值感，并对连续性思维解决多步问题的方式进行强化。

五、从调研卷分析阅读入手，提高学生的阅读能力

调研卷——垃圾分类一起来

1. 根据《北京市生活垃圾管理条例》，对于生活垃圾如何分类？（　　）

A. 两类　可回收物和不可回收物

B. 三类　可回收物、其他垃圾、厨余垃圾

C. 四类　可回收物、厨余垃圾、其他垃圾、有害垃圾

D. 四类　可回收物、干垃圾、湿垃圾、有害垃圾

2. 可回收物包括废纸类、废塑料类、废弃电器电子产品、废玻璃、废旧织物和（　　）

A. 废金属类　B. 过期食品　C. 陶瓷　D. 灰土

3. 普通 5 号电池属于什么垃圾？（　　）

A. 可回收物　B. 有害垃圾　C. 其他垃圾　D. 厨余垃圾

4. 一次性餐具、速冻食品的包装盒、包装袋等都是厨房里面产生的垃圾，属于哪类垃圾？（　　）

A. 可回收物　B. 其他垃圾　C. 有害垃圾　D. 厨余垃圾

5. 家庭中产生的剩菜剩饭、菜帮菜叶应该投放在哪种垃圾桶中？（　　）

A. 可回收物　B. 厨余垃圾　C. 其他垃圾　D. 有害垃圾

6. 过期的药品属于什么垃圾？（　　）

A. 可回收物　B. 其他垃圾　C. 有害垃圾　D. 厨余垃圾

7. 你知道分类投放后的垃圾的后续去向吗？（　　）

A. 非常清楚　B. 不太清楚　C. 完全不知道

学生阅读调研问卷后，就能够对北京市生活垃圾分类有所了解，运用化学的视角看待生活垃圾分类这个社会热点问题，辨析对某些垃圾类别归属上的误解，解决了为什么要提倡垃圾分类和垃圾处理的常见方法及其特点认识不全面等问题。

总之，“放错地方的资源”这一主题是用化学的视角看待这个社会热点问题，从图片阅读分析、数据阅读分析、科普知识阅读、生产实际分析阅读、调研卷分析阅读等方面进行阅读训练，既有助于提高学生的阅读能力和化学学科素养，也有助于学生体验利用学科综合知识解决实际问题的过程，使其深刻认识到垃圾分类的价值和意义，培养了学生的科学态度和社会责任感。

初中地理图像读图的基本方法

■ 池　娟

地理图像就是依据一定的数学法则，使用制图语言，通过制图综合，在一定的载体上表达地球上各种事物的空间分布、联系及时间中的发展变化状态的图形。

地理图像类型多样，作为学科最重要的信息载体与认知研究工具，是地理学的基础，为解答问题提供了内涵丰富的信息平台和广阔的思维空间。地理图像是地理思维的载体。

地理图像															
分布图				示意图				统计图		地形图	等值线图			图像	
行政区域分布图	自然要素分布图	人类活动分布图	区域综合分布图	原理示意图	过程示意图	关联示意图	地理模式图	坐标图	结构图	地形图	等降水量线图	等温线图	等高线图	主题漫画	景观图

地理图像的分类

教师要重视对地理图像的利用，通过阅读、使用地理图像，帮助学生掌握阅读、观察图像的基本方法，逐步发展学生从地理图像中获取地理信息的能力以及利用图像说明地理问题的能力。

一般情况下，学生正确读图的基本方法有以下三种。

第一，读图名。图名是描述该幅图最基本信息的直观表达，表明了该图幅的制图区域和主要内容，使学生能大致区别地图的种类，例如政区图、地形图、地理要素分布图等，以便学生能够迅速地找到自己需要的地图。

第二，读比例尺、方向和图例。只有读懂比例尺，才能使图中抽象的距离在头脑中产生实际概念。正确认识图上方向，才能保证用图的正确性。图例是对地图上各种符号和注记的说明，地图中的各种符号不仅表示地形和地理事物的位置性质，还代表了所示地理事物的范围和大小等数量关系。地图符号是地图内容的点线和图形的表达，只有懂得各种符号的地理意义，学生才能熟练地掌握地图符号所代表的具体地理事物，从而准确地找出它们的相互联系和分布概况等。

池娟在给学生们上地理课

第三，表述地图，进行分析，会利用地图进行简单的判断。地图并不仅仅是地理事物空间分布的直观呈现，它还包含着地理判断。学生要会从地图中获取一个区域更深入的信息，即能够读懂地图上地理事物之间的空间关系和因果关系。教学中常用的“以文释图”就是指将在地图上所作的地理判断用文字表述出来，一般分三个层次。一是能根据地图叙述地理事物和地理现象；二是能够根据地图进行分析，得出有规律性的认识；三是能够把地图中有联系的事物，经过分析加以归纳和总结，并在此基础上进一步联系实际进行思考，得出正确的结论。

初中地理以全图知记判断为主，多显性信息，感性直观。教师要帮助学生掌握阅读和观察地理图像的基本方法，逐步发展学生从地理图像中获取地理信息的能力以及利用图像说明地理问题的能力。

初中地理读图的方法很重要，而地理读图方法的培养及正确地阅读图像有赖于平时良好的读图方法指导和训练。初中地理教科书中主要的地理图像读图的基本方法有以下五种。

（一）分布图

1. 自然要素分布图

读气候类型分布图的基本方法：（1）读出图形代表地区的纬度分布范围。（2）对照图例，读出有哪些气候类型。（3）说出该地区气候以什么类型为主。（4）说出各气候类型分布在什么位置。（5）总结气候分布规律，分析形成原因。

2. 人类活动分布图

农业区和农作物分布图。农业生产具有强烈的地域性，农业区和农作物分布图表现了农业生产空间分布的规律，反映了鲜明的地域性。

读这类图时，可从两方面考虑：（1）自然条件是形成农业地域性的基础。（2）社会经济条件和农业技术也产生一定影响。在读图时要根据图例和注记，确认每个农作物带或农业区的生产部门，在这个基础上分析其分布规律及形成原因。

（二）坐标图

1. 读世界人口的增长折线图的基本方法

（1）确定纵坐标和横坐标所表示的事物及单位。

（2）读出某一年份的具体值。

（3）根据折线变化，判断增长幅度和增长趋势（折线斜率变小说明速度趋缓；折线斜率变大说明速度加快）。

2. 读气温曲线和降水量柱状图的方法

（1）先了解横坐标所表示的月份。

（2）再了解纵坐标的单位：气温的单位是摄氏度，降水量的单位是毫米。

（3）按时间序列，自左向右读出气温曲线上各点所表示的月平均气温值，以及平均气温最高和最低的月份。

（4）按时间序列，自左向右读出各月降水量柱所表示的月降水量值，以及降水量最多和最少的月份，并计算年降水量。

（5）概括气温和降水量随时间的变化特征。

3. 读地形剖面图的基本方法

（1）读出剖面图是沿哪条剖面线绘制的，确定剖面图的延伸方向。

（2）观察地形剖面图的纵坐标和横坐标，纵坐标有垂直比例尺，横坐标有水平比例尺。

（3）再认真观察地表起伏的总趋势，起伏的大小、坡度的陡缓以及地形变化的特点，最后用简明的语言总结出地形剖面图所表示的地表起伏状况。

4. 读扇状结构图的基本方法

扇形结构图能反映某些地理事物局部与全局的比例关系。判读时，主要是通过比较图中各组成要素的百分比，来分析地理事物的特点，判断其性质的。饼状结构图是由扇形统计图派生出来的三维图，除了反映某些地理事物的比例关系外，还可以反映总体的绝对值（或相对值），可从数量的变化和各部分的比例关系上概括地理事物的发展变化状况。

（三）图像

1. 地理景观图

地理景观图是反映地理事物的景色或外貌的图像，反映的是地理事物或要素的直观形态。地理景观图直观效果强，是一种“平易近人”的图像，更能直观形象地反映地理事物的空间分布，显示区域内各种地理要素的相互联系，便于对区域内部进行综合性分析。

读景观图的基本方法：（1）选择与主题有关的信息。（2）准确进行区域空间定位。（3）判读所表示的地理要素。（4）分析各要素之间的相互关系。

2. 漫画

地理漫画是通过夸张、比喻、象征等手法表现地理事物的特征或某一方面的图像，具有形象、深刻、耐人寻味的特点。漫画多出现于环境、资源、人口问题和安全意识等内容的介绍部分。

读地理漫画的基本方法：（1）抓住漫画的主题，提取有效信息。（2）思考漫画反映的主要问题。（3）分析问题产生的原因及危害。（4）提出针对性的解决措施。

（四）等值线图

等值线图是以相等数值点的连接表示连续分布且逐渐变化的数量特征的一种图形。常见的等值线图有等高线图、等温线图、等降水量线图等。

等值线图的共同特征有：（1）同一条等值线上各点数值相同；（2）等值线不相交（密集部位可能出现重叠，如陡崖）；（3）在同一幅等值线图中，相邻的两条等值线的数值差，一般是相同的（对称部位差值为零，如鞍部）；（4）与等值线相垂直的方向是数值变化最快的方向；（5）等值线闭合的小区域为极值区；（6）等值线疏密反映数值差别的大小；（7）等值线弯曲部位的数值与两侧部位数值显著不同。

解读图表时，应注意等值线的数值、延伸方向、弯曲状况、疏密程度的变化，注重异常区域变化并揭示其成因。

1. 等温线图的读图方法

（1）按等温线的延伸方向，判明一地气温差异的趋势及影响因素。

（2）根据等温线的弯曲方向，分析同纬度两地气温的高低。

（3）根据等温线的疏密状况，分析一地气温垂直于等温线方向的变化程度。

（4）根据重要等温线通过的地区，分析一地气温状况，做冷热的性质判断。

（5）分析一地的等温线是否闭合，如果闭合可以由此判断该地是寒冷中心还是炎热中心。

2. 等降水量线图的读图方法

（1）读等降水量线数值，读出不同地点的年降水量。

（2）读等降水量线延伸方向。

（3）观察等降水量线的空间分布趋势。

（4）概括年降水量的空间分布规律，分析主要影响因素。

（五）地形图

地形图指的是地表起伏形态和地理位置、形状在水平面上的投影图。地形图又分为等高线地形图和分层设色地形图。

1. 分层设色地形图的基本读图方法

（1）根据“陆高海深”表，了解各种颜色所表示的海拔数值范围。

（2）根据颜色的差异和注记，说出主要地形类型和主要地形区。

（3）根据各类地形所处的位置，归纳其分布特点及地表高低起伏的总趋势。

2. 等高线地形图的基本读图方法

（1）读出每条等高线的海拔高度和延伸方向。

（2）读出等高距和依据等高线上数值的变化确定地势的起伏状况。

（3）依据等高线的疏密判断坡的陡缓。

（4）依据等高线的形态判读地形部位（山脊、山谷、山顶等）。

初中地理课程标准明确要求培养学生读图、识图、解图、绘图的能力和习惯，让其学会从丰富多样的图像系统中挖掘信息、表达知识、传递思想。地理图像已经成为地理教学的重要工具，地理图像在地理教学中具有举足轻重的地位，所以对地理图像的研究和有效使用是提高教学效果的重要途径。

多元优化体育阅读教学　助力学生发展阅读思维

■ 王凤虎

新课改的发展使得体育教师不再将室外教学当作唯一的教学方式，而是开始引导学生在室内和室外进行体育运动的学习，以便学生基于体育课堂实现全面发展。体育阅读室内教学，能够让学生从文字中获取与体育运动有关的信息，使学生在强化分析能力和阅读能力中拓宽知识面，不断开阔眼界。在当前的教育背景下，教师应当重视体育阅读活动的开展，采用多元方法优化体育阅读教学体系，提高体育阅读教学水准。

一、丰富目标内容，融入阅读要求

教学目标是教师开展教学活动的支撑和指南，不仅体现了教师对学生的教育期望，还体现了教学过程和教学方法。因此，为了在体育教学中融入阅读内容，教师应当在教学目标中直接体现体育阅读的元素，以教学目标为导向开展阅读学习活动。此外，将体育阅读的内容引入目标之中，可以作为检验教学活动的标准，更好地审查学生体育阅读学习的效果，以便及时查漏补缺。

例如，在短跑运动的教学中，教师可以结合课程标准，以体育学科核心素养的基本要求设定如下教学。

（1）知识目标。学习短跑直道途中跑技术，初步建立短跑的概念，完成短跑辅助性练习，学会短跑的练习方法，通过体育阅读的方式掌握短跑的概念和分类等，了解一些短跑运动员的事迹。

（2）能力目标。强化学生的短跑能力，让学生基于教师的示范掌握短跑的基本技能，通过阅读的方式从图书中学习短跑的方法。

（3）情感目标。通过对短跑运动员练习故事的阅读以及练习过程的体会，逐步形成吃苦耐劳、顽强拼搏等品质。

随后，教师以上述教学目标为方向，进行短跑教学活动的安排，设计阅读短跑类图书的活动，使学生在达到目标要求的同时实现体育精神和体育品质的发展，提高学生的阅读能力。

可以看出，教师结合教学内容事先设计教学目标，以教学目标为方向，将体育阅读活动当作必备的学习过程，有助于学生阅读学习体育知识，提高体育素质。

王凤虎在给学生们上体育课

二、基于文本设问，强化阅读思维

提问是教师开展教学活动常用的方法。在以往的体育课堂上，教师经常会使用提问的方式来检验学生对体育知识的学习效果，以便结合学生的反馈，合理地安排下一阶段的训练内容，让学生真正掌握体育运动的技巧。而在体育阅读中，许多学生存在阅读没有方向、没有目的的问题。为了让学生的阅读更有实效，教师应当主动围绕体育类的图书向学生进行设问，以便学生在目的性较强的阅读活动中提高阅读效率，强化阅读思维。比如，在组织学生阅读《世界乒坛皇后邓亚萍》这篇文章时，教师不妨利用问题来引领整个阅读活动，让学生在目的性较强的阅读之中有效地提取信息。在学生阅读前，教师可以提出“谁是邓亚萍”“为什么称邓亚萍是世界乒坛皇后”等问题，使学生产生好奇心，主动阅读本篇文章。在学生解答了这些问题后，教师再提出“邓亚萍是怎么练习的”“她是如何一步步成为世界乒坛皇后的”等问题，引导学生细致阅读文章内容，以便在不断的总结归纳中认识邓亚萍的练习经历。学生完成阅读后，教师再向学生提问“通过阅读活动，你有什么启发”等，让学生进行反思，使学生从邓亚萍身上学习可贵的体育精神。

可见，教师使用问题来引领学生的阅读活动，能够让学生以问题为方向，提取体育读物中的信息，从而在回答问题的过程中完成阅读任务，发展学生的阅读思维。

三、渗透阅读技巧，提高阅读能力

为了帮助学生提高阅读能力，使学生在掌握阅读规律中有序地进行体育阅读，体育教师可以在潜移默化中引导学生掌握阅读方法，形成终身阅读的能力。

以《体育竞技小百科》这本书的阅读教学为例，教师可以引导学生按照次序展开阅读，逐步掌握阅读技巧。在拿到这本书后，教师先请学生对图书的封面进行观察，以便透过题目、图片等建立对本书的初步印象。之后，教师请学生打开目录部分，引导学生对目录进行快速浏览，使学生从目录中认识到本书的布局，以便更好地根据自己的阅读能力调整阅读节奏。例如，学生可以安排两个星期读完“体育纵横”板块，一个星期读完“竞技体育运动”板块等。随后，教师组织学生通读图书，让学生快速地把握图书中的基本信息。在浏览时，教师可以让学生用笔标注出自己喜爱的内容以及自己不理解的内容，为学生进行精细化阅读奠定基础。在学生完成精细化阅读后，教师要引导学生进行反思，谈谈自己的阅读体会，以帮助学生养成反思的良好阅读习惯。

四、加强组间交流，小组分享阅读体会

阅读活动是学生提取信息的活动。透过阅读，学生会产生一定的想法和见解。然而每个学生都是独立的个体，面对同样的阅读内容，学生的阅读效果可能存在很大的差异。所以，为了让学生走出局限性的思维结构，进行更广泛的思考，产生更多的阅读体会，教师不妨在学生完成体育阅读活动后，开展合作交流，引导学生分享阅读体会，以便学生在共享思维中深入理解体育阅读的内涵，加深对体育阅读的印象。

以《小小体育明星》这本书的阅读来说，学生阅读了其中的小故事后，会产生不同的阅读体会和感想。对此，体育教师就可以开展合作交流活动，引导学生分享阅读体会。例如，阅读了《迈克尔·乔丹和他的两个对手》这一故事后，有的学生认为对手是十分重要的，有的学生则认为对手不单单可以是他人，也可以是自己等。随后，教师根据学生的性格特点、口语表达能力和想法等，按照互补性原则对学生进行分组，使每个小组中的学生之间具有差异性。之后，学生在小组中分享自己的阅读体会，并且聆听同伴的阅读感受，不断交换彼此的想法，站在更广的角度看待《迈克尔·乔丹和他的两个对手》这一故事，并透过故事来感受体育竞技的魅力。

不难看出，教师组织学生开展合作交流活动，能够让学生分享彼此的阅读感受，使学生基于同伴的描述，借助更多的体育思想，再次在思维中强化阅读体会。

五、尊重学生个性，创建自由氛围

渗透了体育阅读的技巧后，学生具备了一定的体育阅读能力，产生了一定的自主阅读意识。这时，当教师为学生提供同样的体育阅读文本时，学生会产生被动的感觉，继而抵触体育阅读活动。所以，为了让学生始终保持体育阅读的动力，阅读自己喜欢的体育文本，教师可以为学生营造自由的阅读氛围，引导学生根据自己的兴趣来挑选自己喜欢的图书，逐步完成个性化的阅读。

读书能够有效地满足学生的阅读需求，使学生在高涨的情绪下，主动地进行体育阅读，完成对体育运动信息的提取。

总而言之，阅读学习活动并非文学类学科的特权。在组织学生学习体育运动时，教师应当认识到体育阅读在其中发挥的重要价值，主动地引导学生以阅读的方式提取体育运动的信息，以便打开视野、丰富见闻，实现体育素养的稳步发展。同时，教师要根据学生的思维特点和阅读能力等，进行体育阅读教学方法的创新设计，以便帮助学生提高阅读能力，发展阅读思维。

体育室内课教学与阅读紧密结合的研究

■ 张印奇

在体育教学过程中，体育阅读是非常重要的，特别是要和室内体育教学结合起来，让学生更好地获得体育知识与常识，进一步提高体育教学成效，更好地发挥体育教学拓展眼界、丰富知识、培养能力等方面的作用，更好地促进学生的健康成长。

一、培养体育阅读习惯的意义

体育阅读是指在课外阅读过程中，广泛涉猎与体育知识相关的书籍、报刊以及上网浏览体育知识等。培养学生体育阅读的习惯具有三方面的积极意义。

一是有利于拓展学生的体育知识面。学生的体育知识面比较窄，对体育场的了解也处于一知半解的状态。培养学生的体育阅读并鼓励其长期坚持下去，能够提高学生的体育知识量。

二是有利于营造浓厚的课堂氛围。体育课堂如果仅仅依靠教师的讲解，学生没有感知基础，室内课教学的效率也难以提升。学生有了课前的体育阅读作为基础，特别是针对要教学的内容进行提前阅读，能够让学生积极策应教师的启发引导，营造更加热烈的学习氛围。

三是有利于培养学生的探究意识。指导学生坚持开展体育运动，既要广泛涉猎体育知识，又要带着目标针对性地开展阅读，在整个阅读的过程中搜集重要的知识，解决遇到的困惑。

二、室内课教学与体育阅读的融合路径

张印奇

在室内体育课教学中，如何与体育阅读紧密融合起来，更好地提高体育教学质量，为学生健康成长创造良好条件，应当成为广大体育教师科研的重要课题。我认为在教学工作中应从以下三个方面着手进行探索。

一是根据室内课教学内容提前安排体育阅读。每节室内课教学之前，教师都会精心设计教学方案，从教学内容、教学方法、教学目标以及教学氛围等方面，综合考虑本节课的教学活动应当如何开展。对此，教师应当提前安排与教学内容相关的体育阅读。如本节课将要讲解有关体育运动及其起源的内容，可以在课前要求学生了解自己所喜爱的体育运动经历了哪些演变过程，在哪些地区比较流行等。室内课要教授健康知识内容时，教师可以要求学生在课前有针对性地阅读和收集有关健康方面的知识，从饮食到心理健康，让学生能够与教师进行有效的互动。再比如在教授健身知识、养生知识等内容之前，教师也可以安排学生对什么年龄段的人应当采取什么样的健康方式，包括养生的一些基本理念、方法等进行初步的收集，以便在教学活动中和教师进行有效互动。经过课前阅读，学生所获得的知识与室内课教学内容互为补充，能够在教学活动中产生较好的铺垫作用，为教学成效的提升创造良好的条件。

二是延伸室内课教学内容，安排课后体育阅读。在每节室内课教学之后，教师要想方设法对教学活动进行拓展延伸，根据室内课的内容要求，安排课后进行补充型体育阅读。例如在运动课程相关内容室内课教学时，谈到了地方特色的体育运动项目，要求学生课后组成调查小组，认真分析研究本地区在体育运动方面有着哪些优势项目、传统项目，包括群众喜闻乐见的体育形式和当前社会比较认可的特色体育项目等。这些方面的补充阅读，能够对室内课教学内容拓展延伸，同时也培养了学生的分析研究能力，对学生体育知识面的提升以及体育综合素养的提高具有积极的促进作用。再比如在室内课教学中，教师传授给学生一些自我保护的方法，包括一些简单的自我防护动作，课堂上起到了画龙点睛的作用。但是学生的需求渴望还没有得到全部满足，对此，要安排学生在课后自主收集相关知识，包括遇到不法侵害时应当如何自我保护，在不同的情形下采取哪些方法最为恰当，当前社会治安形势存在哪些方面的安全隐患，如何最大限度地提高安全系数等。这些作为课后阅读的补充，既丰富了学生的体育知识面，也提高了他们的自我保护能力。

三是组织学生交流阅读体会。体育教学是以技能动作训练为主的，室内课教学作为重要补充，应进行知识等方面的传授。体育阅读作为室内课教学的重要联动，有必要强化学生的阅读技巧、方法和习惯培养。在教学过程中精心组织学生交流阅读体会，主要包括三个方面：第一，如何读。要开拓眼界，从体育类报纸、杂志中获得体育知识，还要注意从网络中搜集相关内容。第二，如何记。海量的信息不可能在脑海中全部记忆下来，此时就要发挥摘记的作用，将自己感兴趣的体育知识，有价值的体育小常识、方法技巧记录下来，作为内化吸收的重点，这些对提高体育阅读的针对性具有极大的帮助。第三，如何用。体育阅读中搜集的知识，可以在课堂上与其他同学开展互动，也可以在课后进行消化吸收，对照饮食结构、健康锻炼等方面存在的问题，有针对性地进行改进与优化，有助于学生的健康成长。

三、体育室内课教学与阅读相结合的思考

在体育室内课教学中，如何将其与阅读紧密地结合起来，是广大体育教师应当深入研究的内容。我认为主要有三个方面：一是根据学生成长需求确定室内课教学与阅读内容，确保阅读的内容和教学目标与学生的成长融合度更加紧密；二是室内课教学中要经常检阅学生体育阅读的成效，不能将阅读任务布置之后一放了之，要经常性地开展检查了解；三是借助于室内课教学培养学生坚持阅读的良好习惯，学生的阅读习惯特别是体育阅读的习惯若能长期坚持下去，就能够极大地丰富学生的知识面，有利于学生综合素质的提升。

乘借2022年冬季奥运会，促进体育学科全学科阅读

■ 徐 娟

全学科阅读是继学科素养后又一个新兴理念，不少学校、教师都在探索全学科阅读的学习方式和学习途径，然而，实地观察中也不难看到，目前对“全学科阅读”这一新兴理念，我们还缺乏明晰的理解与深入的辨析。《中国学生发展核心素养》的发布使“核心素养”成为教育领域的焦点问题。为培育素养而读，成为阅读实践的目标和框架。经济合作与发展组织主导的国际学生学业成就评估项目对学生阅读素养作了界定：“阅读素养主要是指个体为了实现个人发展目标，增长知识、发展潜力，以及为了参与社会生活而有效地寻求信息、理解使用和反思书面文本的能力。”其含义不再仅仅是学生在学校教育期间具备的能力，更是指向终身学习者必须具备的素养，即更关注阅读的实践性、发展性和终身性。

为培养学生的阅读素养，仅有语文学科的参与是不够的，而是要打破学科壁垒，进行全学科阅读。全学科阅读将学生阅读素养的培养置于多学科体系中，以学科知识为原点，以特定学段学科知识框架为半径拓展阅读内容，既提高了学科学习的自主性，促进了学生核心素养的形成，又以培养学生的阅读习惯和阅读能力为切入点，培养学生成为终身阅读者必须具备的阅读素养。并不是说语文阅读教学要额外地去教授其他学科的内容、切分其他学科的任务，或者通过形式上的“跨学科”去和其他学科进行简单的拼接，而是语文阅读如何立足阅读能力的提高，转换观念、扩大视域，真正发挥出阅读为其他学科奠基助力的作用，这就自然涉及全学科阅读的

“学科”意识。

全学科阅读就是在各学科之间找到阅读的交叉点，在各学科之间找到最佳的阅读内容与形式，多角度、多层面地提高学生的学习能力，更好地对学生进行素质教育。这就促使我们针对体育学科，通过多种阅读、多面阅读、多形式阅读达到学科知识间的整合。作为教育者，我们在教学中需要拓宽阅读的内涵与外延，开展全学科阅读，培养学生终身受用的阅读能力。

徐娟

全学科阅读，“拆除”了各个学科的“墙”，站在学科的角度，用书籍教育学科知识，用学科知识帮助学生爱上阅读，在学生们心中播下阅读的种子，有效地提升课堂教学的外延与内涵。作为体育学科教育工作者，我们一定要全方位分析本学科的特点，突破其原本重技能、轻理论的壁垒。强化新时代体育的精神和意义，培养学生参加体育锻炼的兴趣。

一、立足教材，紧密结合，开展全学科阅读，进行学科实践活动

体育课包括室内体育和户外运动。每个学期的室内课在大纲、教材中，按照水平能力划分知识结构、知识点。一年级教材的重点课堂理论学习是安全知识（北京版第一册），在教授本册内容时，需要进行教学设计。首先，引导学生回忆自己日常所见的标志，再延伸到道路安全、生活安全上，并利用多媒体投影展示教材，带领学生认识各种标志。用提问的方式，使学生把看到、学到的标志带到特定场景中。在此学习过程中，做到回答问

题语言完整、声音洪亮。其次，在学习完标志后，让学生用手中的笔把标志画下来，可以只画标志，也可以创设场景。这样可以使学生进行头脑的组织创设，对内容进行丰富多彩地补充。与美术相结合，构建图画的同时进行多学科综合实践，激发学生学习安全标志的新鲜感，增强学生的学习能力。在体育课的多环节中，教师可以引导学生体会各种教育，例如如何让学生感受学习春天的小苗怎么成长，就是结合生命教育进行肢体活动的实践。还有体育大纲“水平一”中，在单、双脚跳的环境学习创设中，可以引导学生通过口述“小兔子蹦蹦跳跳”，来进行动作跳的体验。通过学生大脑的听、说到让肢体行动起来，全面培养学生自身的良好素质，达到全学科协同发力的效果，让学生进行综合体验学习。

二、通过大量阅读，获取体育相关知识，定位“奥林匹克精神”和“了解体育名人马约翰”

结合学期初制订的体育学科全学科阅读计划，提前布置每个月的阅读内容。在每节课后，给学生布置阅读作业，阅读与内容有关联的书籍、报道等，为上课做好准备，课上为每个孩子提供展示的机会。这不仅培养了学生的学科阅读能力，同时也培养了学生的搜索能力、内容组织能力和表达能力。这就要求教师能围绕学科素养推荐适合的阅读书目。比如，基于奥林匹克精神的知识和核心素养，教师首先让学生大量阅读相关书籍，学习奥林匹克知识，为学生准备《奥林匹克知识读本》。提前布置问题，使学生带着问题探索奥林匹克的发源地、奥委会成员数量、举办届数、标志、奥林匹克日和奥林匹克精神等。通过阅读，确定学科阅读的拓展点并整合阅读资源，分组展开阅读讨论，采用思维导图和手抄报的形式将内容呈现出来。这样，让学生通过精选的学科读物来建构学科知识体系，并在不同的认知交流中达成共识，帮助建立课内和课外阅读的有效衔接。

例如，在学习认识马约翰的过程中，学生通过阅读，了解了当时中国社会体育运动的背景和清华大学，同时也间接学习了这段历史知识，了解了体育对我们国家的政治影响。看似简单的一个马约翰阅读，却是多个学科阅读的支撑，从而上升到对学生爱国精神的培养。

三、乘借 2022 年冬奥会，促进体育全学科阅读

北京是唯一一个申请举办夏季奥运会和冬季奥运会的城市。2022 年冬奥会的到来，使我们的心情无比激动。激动之余，体育教师要利用课堂对学生进行冬奥会知识的宣传和学习。在学习任务布置过程中，要结合全学科阅读，通过书籍、电视、互联网等多方位引导学生了解冬奥会。在对世界明星和中国奥运健儿的认识中，提前布置小任务。学生通过阅读书籍，在互联网上阅读文献资料，了解奥运健儿。结合国内外体育比赛布置一些与体育时事为主要内容的作业，让学生通过听广播、看电视等途径获取知识。教师还要鼓励家长与学生一起感受赛场的氛围，及运动员为国争光的感人事迹，使学生在体坛明星的精神感召下激发学习热情，树立克服怯懦的信心，并决心以体坛明星为榜样，长大后也要用自己的本领报效祖国，为国争光。这样既可以提高学生对体育学习的兴趣，又扩大了知识面，增强了学生为振兴中华而刻苦锻炼的责任感和荣誉感，提高了学生的运动技巧和运动能力，增强了学生的身体素质，引导学生自觉地参与体育锻炼，加强学生的品格教育，增强学生的爱国情怀。家长要更多地陪伴孩子参加户外体育运动，达到家校协同发展的目标，使学生养成良好的运动习惯，实现全面发展。

教师是学生全学科阅读的领路人，教师要具备学科意识及专业能力，对基于本学科素养的阅读策略进行跨学段、跨学科、跨领域的整体设计和系统梳理。教师既需要阅读，也需要有对学科阅读方法和策略的指导，明确阅读方法和策略的总目标和阶段性任务，在明确阶段性目标的基础上将其应用于课堂实践，从而实现终身阅读、终身学习。

全学科阅读下的音乐教学

■ 胡　淼

全学科阅读的重要目的在于拓展学生的学科学习视野，构建课内外沟通的良好阅读环境。在以往的教学实践中，阅读大多存在于语文学科，但在全学科阅读体系中，阅读“无处不在”。

全学科阅读下的音乐教学，是从音乐的角度来阅读，引导学生通过阅读深层次的学科内容，吸收、内化及应用音乐知识的教学方式；是让学生拓宽视野，不局限于一个学科的学习，融会贯通地迈向绚丽多彩的学科世界，从而培养学生学习音乐的兴趣。

一、运用阅读，激发学生学习音乐的兴趣

要想在音乐教学的过程中融入阅读，同时不影响原有教学任务的完成，教师就必须统筹教材，梳理教学知识点，确定阅读拓展点。

在实践过程中，我们音乐组探索出了这样几种全学科阅读基本方式：一是强化训练式。例如，在上音乐课《其多列》时，在教授了节奏和旋律后，学生还会出现跟不上节奏的情况。这时，教师需带领学生按照乐句朗读歌词，在朗读中加入歌曲节奏♬♬♬♩。这样不仅能使学生在潜移默化中读准节奏，还能在朗读中激发学生理解歌曲情绪特点的兴趣。这样的强化训练，使学生牢固地掌握了教学重点与目标。二是拓展补充式。如在学生学会歌曲《其多列》后，为了发展学生的想象与创造能力，教师可让学生根据歌曲的节奏创编歌词。学生会大声地朗读自己创编的歌词，在朗读中不

仅能强化歌曲节奏，对发挥学生潜能与培养学生的音乐创作能力也有着至关重要的作用。三是激趣探究式。在教授《山谷回音真好听》时，教师也可先利用图片给学生呈现大狮子和小猫咪的图片，让学生模仿这些小动物。这时学生就能通过模仿发现大狮子的声音要比小猫咪的声音强，因此引出歌曲的强弱规律。通过教学实践我们发现，在音乐中加入阅读会大大提高学生学习音乐的效率，拓宽学生视野，使学生更能体验音乐的美感。

二、运用阅读，提高学生的音乐理解能力

胡森

在课堂教学中，学生是课堂的主体，是课堂学习的主人，而教师主要承担着激发学生想象力与内驱力的任务。想象力越丰富的孩子，思维就越活跃，对知识的领悟也就越深刻。凭借想象力，人的思维能够借着语言符号再造新的形象。离开了语言文字，音乐教学中的许多目标就无法实现。例如在教授歌曲《春晓》时，教师可让学生先朗读这首古诗，理解古诗的含义。在这个基础上教授音乐知识，就能达到事半功倍的效果，使得音乐教学更加立体，学生对音乐的理解就会更加透彻。阅读能给受教育者以情绪上的感染和情感上的打动，阅读是奇妙的，无论是雄壮激越，还是婉转缠绵，都能给人以美的享受。全学科阅读更有助于学生想象力的产生。在音乐课堂的教学中，运用全学科阅读，能帮助学生理解音乐内容，极大地提高学生的音乐能力。

三、运用阅读，深化学生的音乐内涵

苏霍姆林斯基说，教育的全部问题都可以归结为阅读问题。从这个意义上说，全学科阅读实际上是一种探究性学习方式，是培养中小学生核心素养的重要手段之一。音乐歌词阅读，给学生描绘出一个个绚丽多彩的音乐世界，介绍学生喜欢的音乐学习方法。通过音乐阅读素材的积累，培养学生利用所学知识分析问题和解决问题的能力，提升学习效果。

音乐课堂的教学，不仅仅是为了学习一些音乐知识，理解乐理，还要通过学生对教材内容的深化，激发学生的感情和情感体验，最终陶冶他们的情操，培养良好的个人品质。

要想让学生用心灵、用真情去感受音乐，就需要教师创设与之相适应的情境，营造与作品相适应的氛围，引导学生自觉地投入到作品中去，忘却自我，使教师与学生“声气相投，心心相印”。阅读则极易使学生产生心灵的震颤，与作者的情感产生共鸣，因为阅读其实就是人类心灵的语言。

四、运用阅读，有效地控制学生的课堂注意力

在课堂教学中，教师如果一味地围绕某个学科知识点来讲授，那么将缺少感情色彩，就不能带动学生的情绪与吸引学生的注意力。因为听觉器官在接受长期不变的刺激以后，对这种声音的感受性就会降低，导致人产生疲劳，加上学生的年龄特点，势必影响听课的效果。要使学生保持情绪高涨、精神振奋的状态，必须有效地控制学生的注意力。

控制注意力的方法多种多样，阅读就是一种有效的方法。铃木教学法创始人认为，人类是环境之子，所有的儿童在他们各自的环境影响下，都具有发展技巧和能力的潜力。全学科阅读，就是巧妙运用环境的魅力发展学生音乐兴趣与能力的阅读。

在音乐教学中，当学生注意力不集中时，可以让他们通过阅读歌词或阅

读歌曲背景信息等方法，消除其烦躁的情绪，有助于他们集中注意力。阅读的刺激，可激起头脑的活动，使其将注意力转向课堂，转向他们正在学习的知识。有时候，在音乐中加入阅读，能发挥意想不到的效果。

在音乐教学活动中，虽然教师和学生之间交流最重要的传导工具是音乐语言，教师应该成为使用语言传导工具的典范，但阅读的作用也显而易见。无论对于哪一个年龄段的学生来说，在教学中渗透阅读，都能发掘其兴奋点，使其反应敏捷。合理利用阅读，能调动学生的学习主动性，活跃学生的情感，启发学生的积极思维，充分舒展情怀，创造既紧张热烈又生动活泼的课堂教学气氛，使学生受益终身。

借助网络学习改变学生的学习方式——提升阅读及搜集信息能力

■ 王浩英

合作作为人类相互作用的基本形式，其地位与作用显得越来越重要。许多社会学家认为："合作的交往较之竞争的交往在当今及未来世界里更为重要。"合作学习把合作的观念引入教学系统，符合时代的要求。《义务教育音乐课程标准》提出，在音乐教学中要运用现代教育手段，在以信息技术为代表的现代教育技术环境发展的背景下，传统的教育思想发生了转变。信息时代，音乐教育面临着新的挑战，在我们的音乐教学实践中，小组合作学习在课堂上已经普遍开展，可以说方式多种多样。北京市昌平区第五学校班级容量比较大，学生之间也存在着差异，这就要求教师必须从实际情况出发，研究学生的特点，依据学习规律，因材施教，有的放矢，寻找适合不同层次学生的教法和学法，从而更好地提高教学质量和教学效率。

一、小组学习提出的依据

国家的课程标准规定，初中学生每周一节音乐课，而一位音乐教师，一般都承担多个班的授课任务，导致了一个教案，同一个教学任务，面对几百个不同学生的局面。而把一个固定的课堂教学模式用在不同接受能力的学生身上，显然是不公平的，也是行不通的。教师必须用"不同的眼光"看待"不同的学生"，用适合学生的方法进行教学。运用现代信息技术进行小组合作学习，可以满足不同层次学生的学习需求和建构能力，使每一位学生在不同的基础上有不同程度的发展和收获，使他们的个性得以张扬，提高学习效率。

二、开展小组学习的现实意义

（一）小组学习是现代教育的一种重要的教学组织形式

它符合学生的学习实际。事实证明，有组织地开展小组学习活动，不仅可以提高学生的学习积极性，还可以使平时对学习音乐兴趣不浓的学生变得主动起来。在教学过程中运用现代信息技术开展小组学习活动，充分挖掘了学生自主学习的积极性。

例如：在欣赏《长征组歌》时，课前把任务布置给学生，学生根据任务的不同，自愿组合，分组进行，各班信息小组同学被推荐为组长，带领本组同学搜集相关资料。一组学生找到当时红军吃的粮食，穿的蓑衣斗笠、草鞋；二组学生找到红军长征时的战役图片及音像资料；还有的同学找到了红军长征的路线图……这些资料大大增加了学生的兴趣，有了这些资料作铺垫，下面的教学也顺利了许多。

（二）小组学习是中学音乐课堂进行有效教学的途径之一

（1）小组学习关注学生的进步和发展，确立学生的主体地位，树立“一切为了学生”的以人为本的发展思想，使学生真正成为学习的主人。在小组学习中，学生可以畅所欲言，踊跃发表自己的意见，以实现对“人”的关怀与尊重。

（2）小组学习的过程，可以大大提高学生阅读和信息搜集的能力。信息社会需要有信息能力的新型人才，而信息能力就是指获取、分析和加工信息的能力，随着网络技术的飞速发展，网络资源可以说是浩如烟海，如何在信息海洋中快速、准确地找到自己所需要的资源，如何对其进行有价值的取舍，如何合理地将资源重新组合为己所用，都关系到个人和团队的成败。例如，最初让学生尝试动手搜集资料时，学生不能准确地找到与教学相关的内容，于是，教师在各班成立了信息小组，要求小组成员有组织能力和较高的电脑应用水平，并且要定期接受专业计算机教师的培训，这是小组合作学习能否完成目标的一个非常重要的因素。再后来，信息小组成员的队伍越来越壮大，经过民主选举选出组长，组织小组学习活动，更好地为音乐教学提供了信息资源。

音乐课上，王浩英在与同学们针对学习内容进行交流

用信息技术提供资源环境就是要突破书本，用各种资源丰富封闭的、孤立的课堂教学，极大地扩充教学知识量，使学生不再只是学习课本上的内容，而是能开阔思路，加大阅读量，看到百家思想。

（3）运用现代信息技术进行小组合作学习，可以培养学生的交流合作、归纳总结能力。例如：在《走近京剧》教学中，教师可以这样引导学生。首先在学生当中做调查——京剧知多少。根据调查结果来确定各组学生搜集资料的起点，先制订一个大的主题：搜集与京剧相关的知识，包括故事、历史及相关内容，并由科代表管理组织这件事情。一周后，教师就各组收集的资料做评价：搜集的资料广泛，杂乱无章，没有进行筛选和整理，教师就同学们的问题给予指导和帮助，并提出建议供他们参考。让学生将获取到的丰富的信息进行筛选，鉴别自己所需要的信息，再将信息进行分类、综合，找出相关性、规律性的线索大胆构想，以小组为单位，群策群力，结合原有知识，重新整理组织存储，得出新的信息。

接下来就是为学生提供一个展示交流的平台，在组长的组织下，各组又有了细致的分工，根据学生的实际情况，自愿选择展示的内容。例如，有的同学用电脑展示各行当的图片，有的同学介绍相关文字资料，有的同学表演一段唱腔……通过小组展示，不仅内容更加丰富多彩了，且增加了学生的信息量，拓展了他们思维的深度与广度，也使学生学会了分享和交流，提高了与他人合作、沟通及参与共同生活的能力。群体决策不仅能促进知识技能的学习，也有利于培养团结互助的协作精神，同时训练和培养了学生的自我表现意识、组织能力、语言表达能力，增强了学生的创新意识，培养了其科学态度、科学精神，提高了他们解决问题的能力。表达和交流阶段既展示了学生的探究结果，又充分表现出了他们的才华，达到了相互促进、共同提高的教学效果。

（三）运用现代信息技术进行小组学习是培养学生自主探究和阅读学习的有效途径

探究式学习是对传统的接受式学习的一种改革，是培养创新精神与实践能力的新教育观念在教学领域的体现。在当今信息化、网络化的知识经济时代，教会学生网上学习，培养学生的创新精神和信息能力是对我们提出的新要求。

美国专门研究计算机与儿童发展的帕博特教授指出，儿童使用计算机网络，能够获得一种自发式探索的自由感。实际上，自发式探索是青少年与生俱来的一个重要特征。让学生从小就有机会在网络这个知识库、资源库中自由探索、发现，并对所获取的大量信息进行加工、利用，能较快地培养出既有创新精神又有信息能力的符合 21 世纪需求的新型人才。

在《二泉映月》的教学中，可有意识地培养学生网上学习的意识和创新精神，促进学生自主阅读、探究学习的能力。

课下，学生以小组为单位做了初步预习，教师给予了他们充分肯定后，以学生搜集的资料为依据，又提出新的问题：这部作品与其他民间音乐作品有哪些不同点和相同点？这部作品为什么能成为世界精品？有什么依据？你认为哪些依据更有说服力？在对作品有了初步认识后，学生又带着新的问题去探究，大量地阅读材料后得出新的结论。

（1）在网络学习中，有的同学发现了古琴曲《流水》与《二泉映月》有相同之处——这两部作品流传到现在的三个进程，即作者创造美，有人发现美，我们来感受美。他们还从网络上下载了俞伯牙与钟子期、杨荫浏与华彦钧的感人故事。通过大量资料的阅读，学生为这两部作品分别写了两句话“破琴绝弦觅知音，人间知音的绝唱”，并以对联的形式展示出来，横批为“知音”。

（2）学生在网上阅读了大量关于音乐作品的评价，对作品又有了新的认识。例如，世界顶尖级指挥家“小泽征尔”在听完《二泉映月》后，泪流满面，双膝跪下说：“这部作品只配跪着听。”这样的评价对学生的触动很大，油然升起一种自豪感。

（3）通过上网查阅资料，同学们还发现一部作品可以有多种形式去表现，也可以有多种版本。此外，他们还查阅到了自己感兴趣的知识。例如，阿炳的故乡、惠山泉边风景等大量的图片，既拓宽了学生的知识面，也激发了学生的求知欲望和好奇心。

《义务教育音乐课程标准》提出，在新形势的教学背景下，运用现代教育技术改变学生的学习方式，以学生发展为中心，进行小组合作学习；强调终身学习的思想是自主探究学习的一个发展方向。这就需要我们努力研究探索，在实践中去完善，敢于尝试，大胆创新，增加学生的阅读量，提升他们在网上搜集信息和筛选信息的能力，力争在“双减”背景下不断地提高教学质量和教学效率。

信息技术学科培养初中生的课外阅读能力

■ 徐 怡

阅读能力是学生学好任何一门学科的重要技能。教师在课内教学实践中应培养学生的阅读能力，提升学生的信息意识，在课外辅导学生阅读信息技术方面的书籍。通过诵读、提问、操作等环节提升学生的信息意识和综合能力，是现代信息技术学科教学的重要方面。

一、信息意识

信息技术的学科核心素养包括信息意识、计算思维、数字化学习和信息责任四个方面。信息意识是指个体对信息的敏感度和对信息价值的判断力。具备信息意识的学生能够根据解决问题的需要，自觉、主动地寻求恰当的方式获取信息与处理信息；能够敏锐地感觉到信息的变化，获取相关信息，采用有效的策略对信息来源的可靠性、内容的准确性、指向的目的性作出合理判断，对信息可能产生的影响进行预期分析，为解决问题提供参考；在合作解决问题的过程中，能够与团队成员共享信息，实现信息的最大价值。

二、信息技术在阅读中的应用

随着科技的不断发展，信息技术与各学科有了深度融合，通过精美的画面，丰富的声音、视频材料，从静态到动态对学生学习其他学科知识、加深理解起着重要的辅助作用，成为各学科学习的工具。

三、信息技术书籍分类

目前，信息技术书籍从内容到目标人群可以有多种分类。从年龄上看，可以分为学前儿童的启蒙类、中小学兴趣类、成人专业知识类。信息技术类图书图文并茂，随着读者年龄的提升，图片相应减少，语言从通俗有趣易懂向专业化转变。

四、初中生阅读信息技术学科书籍的情况

阅读对于学生学习任何一门学科知识都是一项重要能力。初中生从小学时的形象思维逐步向抽象思维过渡。学生阅读的能力和兴趣因人而异，通常表现出阅读不认真、理解不透彻、对信息技术专业术语不了解等情况。

五、培养学生阅读教材能力的具体措施

（一）从教材开始培养学生的阅读能力

北京市昌平区第五学校使用的是北京出版社义务教育教科书《信息技术》第四册、第五册，教材编写从学生的年龄特点出发，选取与学生生活密切相关的内容，讲解详细，图文并茂，理论知识与实践操作相结合，既适合教师上课使用，也适合学生自主学习使用。

徐怡

在授课过程中经常出现学生只听教师讲而不看教材的情况，通过调查发

现，各学校普遍存在这种现象。教师通过使用课件、视频、演示操作等方式展示所讲内容，学生先观看再练习，往往会忽略教材中概念的描述及知识的扩充。针对这些情况，教师在授课时主要采取以下几种方法培养学生阅读教材的能力。

1. 通过诵读培养学生阅读文字的能力

教师组织学生对重要知识进行齐读，通过这种方式让学生关注到教材中的文字内容，加深学生的记忆。比如，在第四册教材第一章第二节的“知识链接”里有“信息技术革命”的相关内容，介绍了人类 5 次信息技术革命，如果只是告诉学生要知道这个内容，可能大部分学生就会忽略过去。这时教师就要带领学生进行齐读，让学生看到文字，读出声音，这样他们才能记在心里。

2. 通过提问强化学生阅读理解的能力

教师根据教学内容进行提问，答案一般可以从教材中找到。比如，在第二章第一节“初识计算机网络”里关于计算机网络的概念，书上有这样的描述：“计算机网络，是使分布在不同地理位置上的具有独立功能的多个终端设备，通过通信线路和通信设备相互连接起来，在软件的管理下实现数据通信和资源共享等功能的系统。”教师先让学生进行阅读，然后提问：（1）计算机网络由什么组成？学生需要从文中找出终端设备、通信线路、通信设备三个关键词。（2）计算机网络可以实现什么功能？学生需要从文中找出数据通信和资源共享两个关键词。（3）为什么说是终端设备，而不说计算机呢？学生需要理解连入计算机网络的设备很多，已经不仅仅是计算机了，智能手机、平板电脑、网络打印机等都可以连入。通过这个例子，学生反复阅读文字，理解文字的含义，找到彼此之间的联系，从而提升学生的阅读理解能力。

3. 通过操作加强学生阅读图片的能力

教材图文并茂，对操作描写得细致，不仅方便教师教学，也有利于学生自主学习。所以教师在授课时要精讲，让学生以练促学。比如，在第四册第三章第二节设计表格一课中，创建空表格的方法就可以让学生自主阅读教材进行练习。同时，教材还通过图片展示了生成表格的多种方式，教师可以引导学生进行观察分析，在学习方法的同时提升获取信息的能力。

（二）鼓励学生阅读课外读物，提升信息意识

通过课内阅读教材的方法，引导学生阅读课外读物，以学习信息技术知识，提升学生的信息意识。比如在社团活动中，指导学生阅读《青少年 Arduino 智能设计趣味课堂》一书，提升学生的编程能力。

1. 梳理框架，构建思维模式

教师在指导学生阅读时，首先运用在学习教材时先阅读文字的方法，带领学生梳理全书结构，快速浏览每一单元的所有内容。学生通过快速翻看，发现每课都是按照同一结构进行编写的（见表 1）。

表 1　结构表

<table>
<tr><td rowspan="6">一、产品创意</td><td rowspan="3">头脑风暴</td><td>想一想</td></tr>
<tr><td>说一说</td></tr>
<tr><td>看一看</td></tr>
<tr><td rowspan="3">思路分析</td><td>查一查</td></tr>
<tr><td>定一定</td></tr>
<tr><td>想一想</td></tr>
<tr><td rowspan="2">二、规划设计</td><td>线路规划</td><td></td></tr>
<tr><td>外观设计</td><td></td></tr>
<tr><td rowspan="3">三、制作准备</td><td>认识……</td><td></td></tr>
<tr><td>了解……</td><td></td></tr>
<tr><td>选择工具</td><td></td></tr>
</table>

续表

四、技术实施	连接电路	
	编写程序	
	制作外观	
五、测评提高	牛刀小试	
	创意升级	

通过梳理框架，帮助学生理清全书编排的思路，便于学生阅读和理解。同时梳理解决问题的思路，形成先思考再实践，先整体再局部，先粗略再精细的思维模式。

2. 树立学以致用的思想

运用在教材学习时提问的方法，提升学生阅读的深度。在“交替闪烁红绿灯”这节课中，介绍了通过搭建电子线路、编写程序实现红绿灯效果的内容。这一课的开头介绍到“红绿灯最早出现在 1868 年的英国伦敦，当时只有红、绿两色，由警察来转换煤气灯的颜色”，学生往往会忽略此信息，直接看线路如何搭建。教师不仅要引导学生阅读这类信息，更要进行提问，让学生在学习历史知识的同时，认识到信息技术是解决生活中实际问题的一项重要技能，树立一切问题源自生活以及学以致用的思想。

3. 培养学生从形象到抽象的思维模式

《青少年 Arduino 智能设计趣味课堂》一书通过丰富的案例让学生学习智能设计，用图片替换了大部分的文字说明、图解思路与步骤，一目了然，简单易懂。在学习编程时，画流程图是学生需要掌握的一项重要技能。在指导学生阅读此书时重点引导学生阅读“思路分析”，先用语言进行描述，再将符号替换语言，从而使学生完成流程图的绘制。在学生阅读“线路规划”的内容时，将主板与套件连接的图片逐步简化成电路图。通过不断的重复练习，培养学生从形象到抽象的思维模式，为学生阅读更深层次的专业书籍做好准备。

信息技术是一门综合性学科，是一门工具学科，在学生学习操作的过程中，培养学生的自主学习能力和通过阅读材料掌握操作方法的能力非常重要。根据不同书籍的特点，研究如何辅导学生进行阅读，从而提升学生的综合能力，是教师需要长期关注和研究的内容。

浅谈阅读对审美能力的提升

■ 张晓琳

《义务教育美术课程标准》指出："美术以视觉形象承载和表达人的思想观念、情感态度和审美趣味，丰富人类的精神和物质世界。当代社会的发展对国民的素质提出了新的要求，学习图像传达与交流的方法、形成视觉文化的意识和构建面向21世纪的创造力已成为当代美术课程的基本取向。美术课程应该在我国基础教育课程体系中发挥更积极的作用，为国家培养具有人文精神、创新能力、审美品位和美术素养的当代公民。"

现代心理学研究表明，新型合格人才的标准包含智力结构、伦理结构、审美结构。《义务教育美术课程标准》指出，美术课程力求体现素质教育的要求，以学习活动方式划分美术学习领域，加强学习活动的综合性和探索性，注重美术课程与学生生活经验紧密关联，使学生在积极的情感体验中发展观察能力、想象能力和创造能力，提高审美品质和审美能力，增强对自然和人类社会的热爱及责任感，发展创造美好生活的愿望与能力。

陶冶学生的情操，提高审美能力是九年义务教育阶段美术课程价值的主要体现。现代社会科学技术的高速发展，需要人的丰富而高尚的情感与之平衡。因为情感性是美术的一个基本品质，也是美术学习活动的一个基本特征，所以美术课程能陶冶学生的高尚情操，提高审美能力，增强学生对自然和生活的热爱及责任感，并培养他们尊重和保护自然环境的态度以及创造美好生活的愿望与能力。

一、通过阅读提升对美好事物的感知力

法国著名美学家、哲学家米盖尔·杜夫海纳在《美学与哲学》中提道：“美是被感知的存在，被感知时直接感受到完满。”阅读时对文字、图片的直接获取，是学生对美好事物最直接的获取方式之一，也是开阔眼界、提升感知力最简单的途径。人与人之间最重要的差别之一就是对事物的感知能力，对于眼前的同一事物，内心丰富的人能够充分感受到它的美好，更深刻地理解它的内涵。而培养感知能力的前提条件包括两方面：一是拥有足够的闲暇时间，要固定课外阅读时间，充分利用好课外时间阅读书籍；二是选好题材，读好书。市面上的书籍浩如烟海，要选取通俗易懂又兼顾趣味性和成长性的书籍，如《感动世界的100幅名画》《大师名画全知道》《月亮忘记了》等。通过阅读提升自身的理解能力、沟通能力、思考和总结能力。

感知力是一种学习能力，要通过不断地阅读、不断地锻炼、不断地思考和总结，从而达到量变向质变的飞跃。感知力的提升会使学生更容易感受到眼前事物的美好和积极意义，也会增强透过现象看到本质的能力，从而提升自身的精神境界和愉悦感。

二、通过阅读提升鉴赏与创造的能力

美术鉴赏是进行美育工作的重要途径之一，美术教育不仅能陶冶情操，还能提升学生的观察力、创造力和审美能力。美的事物在生活中处处存在，但不是所有人都能发现和欣赏它。人们发现美、鉴赏美、创造美的能力不是与生俱来的，而是通过不断地学习、理解、锻炼得来的。需要在审美感知的基础上，进行审美理解；在直观感受的基础上进行理解和深入思考，充分汲取营养。“操千曲而后晓声，观千剑而后识器。”艺术的感知能力，是提升艺术鉴赏水平的基础，通过阅读不断地获取知识、更新认知，学会

多角度地欣赏与认识美术作品，逐步提高视觉感受，以及理解、评述与鉴赏能力，进而提升创造能力，使学生形成发现美、欣赏美、感受美、创造美的综合素养。

美术课上，张晓琳带着学生动手折纸

三、提升阅读效率，拓展学生视野

一是明确阅读目的。阅读能力是综合性很强的能力，从阅读过程来看，构成阅读能力的要素应当是认读能力、理解能力、鉴赏能力、评价能力以及运用能力。学生通过阅读对生活中的美、美术作品和美术现象等进行观察、描述、分析，逐步形成审美趣味和美术欣赏能力。认读能力是理解能力的出发点和前提条件，只有使认读能力得到锻炼和提高，才能促进理解能力的协调发展；只有使理解、鉴赏透彻全面深入，才能培养学生的阅读兴趣和阅读习惯。目的明确是我们阅读的动力和前进方向，是行动的指南和主攻方向，这就要求在美术教育教学过程中要明确指导方向，充分利用各种教育教学资源。美术课程以对视觉形象的感知、理解和创造为特征，因此在阅读过程中应注重推荐视觉显著、易于理解、能够启发创造力的书籍。通过教材资源的整合，删繁就简，自下而上、自上而下地相互作用，在促使学生明确阅读目的的前提下，培养学生的阅读兴趣，充分调动学生阅读的自主性和创造性。只有兴趣提高了，阅读目的明确了，学生才能以饱满的精力投入到阅读中去，才能提高阅读效率。

二是拓展学生的阅读视野，构建丰富的文化知识背景。信息化社会中的阅读，必然是多元化的。在拓展学生视野的过程中，要注重多渠道、多层次阅读，比如艺术文学、天文地理、科学技术、海洋生物类书籍等，扩大学生的知识面，开拓学生的视野，更重要的是通过阅读教学来发展学生的智力和思维。

三是提升思维品质。思维品质属于意识范畴，它既不能手把手地传递，也不能脑对脑地传输。学生要从阅读中获得知识，提高自身的思维品质和概括能力，只能通过一系列复杂的思维活动来吸收。因此，在阅读教学过程中，教师不仅要关注学生对知识掌握的结果，更要关注学生思维品质和思维活动的发展过程。

四是培养阅读习惯。心理学认为，在一定条件下经常性地完成某种行动的需要，就是习惯。习惯一旦形成就比较稳定。因此良好的习惯对于培养积极的个性品质有着重要作用。阅读中还常常会触发深刻的思考，而一些很有价值的见解又往往稍纵即逝，这就需要边读边动笔。此外，在阅读中也会发现一些有价值的资料，应及时或做摘记或做索引。如果学生能养成这些良好的阅读习惯，将会终身受益，这就要求教师要在有意识、有目的、有组织的阅读训练过程中，培养学生良好的读书习惯。

阅读不仅可以使学生开阔视野，增长知识，提高审美能力，培养良好的自学能力和阅读能力，还可以进一步巩固课内学到的各种知识，提高他们的创造能力、创新能力等综合素养。阅读不仅扩大了学生的阅读面，开拓了学生的视野，增强了学生思维的敏捷性，丰富了学生的知识储备，还使学生从阅读中了解了更多艺术大师的成长背景与创作历程，在享受艺术熏陶的过程中学到了更多的知识。

加强科普阅读指导　提升学生的科学素养

■ 阚　瑞

中学生是科普读物的重点阅读群体，科普阅读活动不仅有效地拓展和延伸了科学活动，也是当今科学实践活动中非常重要的形式。所以，开展科普阅读，提高学生的求知欲，丰富学生的知识储备，拓宽学生的视野，锻炼学生的思维，充实课堂教学，提高科学素养，形成讲科学、爱科学、学科学、用科学的良好风尚，是我们每一个科学教育工作者义不容辞的职责。

一、营造良好的科普阅读氛围

一是北京市昌平区第五学校专门为每个班级订购了科普图书，学校的图书馆也专门建立“科普角”，举办各种借阅活动，利用各种手段吸引学生到图书馆借阅科普书籍，提高图书馆科普书籍的借阅率，扩大科普书籍的流通面积。

二是在每个班级当中建立图书角，教师鼓励学生将自己喜欢的科普图书带到学校和同学分享，教师可以设置专门的阅读课，让学生互相借阅科普图书。

三是师生共读。教师和学生共同阅读统一的读物，或者教师提前阅读后推荐给学生阅读。这样，师生就拥有了共同语言，可以就同一问题展开讨论和交流。统一的读物可以是订阅的报纸杂志类，也可以是书籍类，如《昆虫记》《十万个为什么》等，还可以是诸多的科学家传记，如《中国历史上的科学发明》等。

四是家长更加重视学生的课外科普阅读。通过各种科普阅读活动，越来越多的家庭开始重视科普阅读的作用，甚至明确表示，科普阅读可以提升学生的科学素养，在今后会鼓励学生积极参与到课外科普阅读活动当中。

二、提高学生的科普阅读兴趣

兴趣是最好的老师。阅读动机是学生学习、阅读的最初动力。提高学生的科普阅读兴趣可从以下两方面着手。

（一）兴趣导读

中学生对文学性、故事性不太强的科普书籍，阅读兴趣不浓。教师可以在课堂中围绕教材内容刻意渲染某类科学知识，使学生对其产生浓厚的兴趣。课堂上，教师只讲一点，这让学生欲罢不能，会想办法找来相关书籍阅读。例如，在科学实践活动课“油田抽油机”一课中，在学习抽油机原理时，教师可以向学生提出一个拓展问题：谁能说出类似抽油机的工具？这时就有同学想到了去《中国历史上的科学发明》一书中寻找答案、最终，他们发现，在公元前1700年左右，我国出现了桔槔（jié gāo），传说是伊尹发明的。桔槔是利用杠杆原理的取水工具，在井边的大树上或立个架子，横卧一竿，竿的一头吊一根长竿，可以挂住水桶下垂井中，横竿的另一头缚一块石头以平衡重量。这种桔槔曾在我国各地农村长期普遍使用。在西方，埃及最早的发明大约在公元前1550年前后，比我国古籍里的记载晚了约两个世纪。桔槔的缺点是只宜摄取浅水。如果从深井取水，就要用辘轳。在王祯的农书上有辘轳的详细说明。一根很粗的横轴，轴上缠着挂水斗的井绳，轴的一头装着曲柄，人转动曲柄，井绳便可带着水斗上下取水。辘轳是我国农村曾长期普遍使用的工具，使用辘轳时还得掌握一定的技巧，并不是放下井绳就能提上水来。通过课堂上的渗透，学生通过阅读既拓展了知识，树立了正确的世界观，又有了努力学习、振兴中华，将科学服务于人类的使命感与责任感。

（二）故事引读

科学史话、科学家精神的影响对学生情感世界的触动作用是无法估量的。科学教师可以对科学家的生平进行生动形象的讲述，在学生听得津津有味时，再引导他们自己去看看。教师也可以把一篇篇较长的课外读物缩减成一个故事讲出来，引导学生去阅读，或摘要讲一些学生前所未闻的知识来激发学生的阅读兴趣。此外，可定期开展一些学生喜欢的科普阅读活动。活动的形式可以多种多样，如举行科普阅读知识竞赛、科普小报展评、科普阅读交流会、科学家故事演讲比赛、科普知识对对碰、科学格言大比拼等。在活动中，学生不仅能感受到成功的喜悦，阅读兴趣也得到了极大的激发。

三、阅读方法指导

21 世纪是信息飞速传递的时代。面对令人眼花缭乱的书籍、报刊，人们既没时间也完全没有必要全部精读、细读，而应依据书目和实际需要区别对待，有所选择。

（一）略知科学常识的泛读法

泛读可以从整体上了解某本读物的主要观点，为以后精读时的准确理解奠定基础。泛读往往是精读的先期阶段，与精读有着密切的联系。在指导学生读《中国历史上的科学发明》一书时，可以要求学生采用浏览法——看标题、目录、内容提要、前言等方式，在有限的时间内整体了解全书的主要内容，再去获取更多有价值的信息。

（二）探求科学知识的速读法

为了达到某个特定的目的或完成某项任务，如寻求某个问题的答案，专门搜集某方面的知识等，就需要采用“一目十行”的快速阅读方法。已掌握快速阅读方法的学生每分钟能读 200 多字，而未受过训练的学生每分钟只能读 80 或 90 字。速读法能让读者对新知识、新信息的吸收加倍增长，适应时代发展的需要。

（三）品味科学奥秘的精读法

精读法可应用于文质兼美的科学文艺作品，它需要读者静心细读，体会作品的立意构思，从中汲取科学精神、探究科学问题，要像人吃东西那样，经过细嚼慢咽，才能把书中的精华变为自己的知识养分。

四、活动反馈，总结收获

在大量的课外阅读中，学生增长了知识，开阔了眼界，掌握了许多科学知识，渴望自己的努力得到别人的肯定。此时，教师就应开展多种活动，为他们提供展示才华的机会。

（一）举办“科学故事大王”评选活动

听故事、讲故事是学生最感兴趣的事情。学生在科普阅读中，读到了曲折离奇、充满幻想的科学故事，想和老师、同学们分享交流。举办“科学故事大王”评选活动，不仅能满足学生的听、讲愿望，又能为教师检查学生的科普阅读情况提供良好的机会。

（二）评选最佳“发现创造”作品

为激发学生课外阅读的热情与信心，教师在科技教室设置了“我的发现创造”小展台，展示学生读完科普读物后的发现和自己的制作，并在期末投票选出若干件最佳“发现创造”作品。在一件件奇思妙想的“发现创造”作品的带动下，学生运用《南方分级阅读》丛书的《探秘天气》《星空探索家》《遗传的奥秘》等书目中的知识进行观察、分析和实践操作，涌现出一大批新的成果。

阚瑞在科学教室里向学生展示发明小创造

（三）开展科技小论文征文比赛和科普手抄报创作比赛

学生经历了上述几项活动后，“学科学、爱科学、用科学”的意识渐浓，此时可开展科技小论文征文比赛和科普手抄报创作比赛，让学生总结阶段性的阅读收获。

各种科普阅读活动，可以让学生在自由的空间交流阅读经验，使学生更加积极地利用课外时间阅读科普图书，更加喜爱科普书籍和科学课，在课堂上表现得更加积极，使科普阅读活动成为学生生活和学习当中不可分割的一部分。

五、转变教师的教学观念

要想让学生获得科学知识，教师不仅要利用课堂时间，更重要的是培养学生阅读科普书籍的兴趣。营造愉悦的科普阅读氛围，可以提高学生的科学素养，让学生在科学的海洋当中成长。改革当今的科学课堂教学，更好地联系课内知识和课外知识，建立完善的课外科普阅读体系，从而建立科学的课程体系。

因此，在当今的中学科学教学当中，教师需要丰富课外科普阅读活动，让学生通过课外科普阅读感受到学习科学知识的乐趣，分享自己的阅读收获，从而引导学生不断地追求科普阅读的愉悦感，不断提升学生的科学素养。这样的教学方式，有利于更好地发展中学科学教育，提高科学教学的效率。

提高中学生的科学素养和课外阅读能力是一个长期的过程，这其中既需要教师精心、科学的指导，更需要学生的不懈努力。作为一名科学教师，只有将科普阅读指导工作纳入日常的科学教学计划之中，帮助学生形成良好的阅读习惯，才能促进学生课外阅读的有效开展，从而提高学生的科学素养。

阅读才是最好的“补课”

■ 憨盛楠　王玉梅　张海燕

一、不会阅读是学生成绩不好的主要根源

孩子成绩差，家长很困惑，自己的孩子学习也很卖力气，也不比别人家孩子笨，怎么就不如别人家孩子成绩高呢？当学生成绩不理想时，很多家长想到的就是要“补课”。在辅导后进生课业的过程中发现，学生成绩差，不是他们智商不够，也不是他们没有学好，而是他们的阅读量不够，理解力不行。学生成绩差与阅读有直接的关系。

在对试卷上错题的统计中发现，学生失分较多的并不是知识的记忆和理解题，而是对题干较长题目的理解不透彻导致思路出现偏差。甚至在初中生物科目中较为简单的科普阅读题型，很多答案都可以在文章中找到出处和依据，但依然有很多学生失分。在讲解试题时，此类题目往往不需要教师多讲，只需让学生多读几遍题目要求，或者帮助他们分析一下这个题目应该怎么做，剩下的过程和答案一部分学生就轻松解决了。这说明什么呢？学生自己分析时，说得较多的都是“我没看见 ×× 这个词，我以为要选正确的，我没发现还有这句呢”等。不仅生物如此，其他科目都有相似的问题，这仅仅是马虎吗？没看清楚题目中的关键词，结果答非所问，或者瞅一眼，就觉得这个题目好简单，题都没有读完就开始答题。学生会读题，他们能自己读下来，计算基础也不差，能算出答案，但往往欠缺的是理解能力，搞不懂题目的要求。总体来看，失分的根源很大程度上在于不

会阅读，或者阅读习惯不好导致理解力不够。

二、阅读在人的成长中有着重要的地位

1998年世界经合组织曾经研制了一个关于“现代人”的标准的国际性评价，“阅读素质”“数学素质”“科学素质”被视作现代人必须具备的三大素质，而“阅读素质”排在首位，是现代人终身学习必须具备的最基本、最重要、最关键的素质之一。

国际阅读学会在总结阅读对于人类最大的益处时，曾经在一份报告中指出，阅读能力的高低直接影响一个国家和民族的未来。但要提高全民族的阅读水平和文明素质，将是一项长期的任务。自2014年起，李克强总理已连续两年把“全民阅读”写入自己所作的《政府工作报告》，他希望全民阅读能够形成一种无处不在的氛围，希望我国全民阅读量能够逐年增加，也借此促进全民素质的提高。而苏霍姆林斯基早已经敏锐地意识到了这个问题。

苏霍姆林斯基理论探索中最为世人熟知的是《给教师的100条建议》，其中有30多个章节涉及“阅读”问题，有5个整章对阅读进行专题探讨，提出了很多极富见地的科学主张。比如，“必须教会少年阅读”“阅读是对‘学习困难’的学生进行智育的重要手段”“‘思考之室’——我们的阅览室”等。

三、阅读是学优生的基本功

多读书、会阅读的学生思维活跃，视野也更开阔，到了初中阶段更能明显地显示出优势。

在课堂上对不同成绩梯队的学生布置了阅读任务，学优生朗读的速度、发音的清晰度、读音的准确率普遍都比学困生要高出一大截。他们都有阅读的习惯，而且已经掌握了很好的阅读技巧。面对新的文章，他们可以马

上很流利地准确读出，有的还可以做到声情并茂，这说明他们在读书时注意力很集中，能专心地进行阅读，不易被周围的环境、脑中的浮光掠影所影响。在做题、读题、审题时，虽然变成了默读，在提升阅读速度的同时，他们依然保持了这个习惯，所以他们的专注力更强，很少出现读丢字、读错字之类的马虎问题，也不会因此失分，而且能够将这份心无旁骛的“基本功”用到课堂上，提高听课的效率。这就是好的阅读习惯带给他们的助益。

憨盛楠在给学生讲课

大声读书比默读更可以避免困倦和思想开小差，这点在学困生身上更为明显。相同的题目，默读做题时小错不断，正确率低，而以大声朗读的方式做题时，正确率会有很大提升，这时出现的错误，就真的是知识方面的漏洞了。

随着科技的进步，学生从小就会接收到声光电的影像刺激，对于阅读看书没那么大的兴趣，如果家长没有加强引导，他们往往不会养成阅读的习惯，更不要谈从朗读的声音世界渡入默读的文字世界所形成的技巧了。朗读汇聚心思，专心于读书内，从而能更快地理解、更牢固地记忆；默读提升阅读效率，利于思考，将朗读时的习惯带入默读，合二为一，会使学生的阅读更有效，从而提高学习效率和能力。读书多的学生，理解能力、领悟能力、情感体验都会比同龄人更高、更深刻。读书多的学生读完题目要求后马上就能理解并知道怎么做，而读书不多的学生就难以理解题目要求，即使会做也不知道从哪方面下手。

四、阅读是医治“学困”之疾的灵丹妙药

为什么有些学生在童年时期聪明伶俐、理解力强、勤学好问，而到了少年时期就对知识冷漠起来，头脑不灵，变成学困生了呢？苏霍姆林斯基认为，这是不会阅读导致的。反之，有些少年在做题上下的功夫并不多，但他们的学习成绩却不差，这是因为他们有较好的阅读能力，因为好的阅读能力会促进学生智力的发展。

苏霍姆林斯基在《给教师的100条建议》中说过：“阅读是对‘学习困难的’学生进行智育的重要手段。学生学习越感到困难，在脑力劳动中遇到的困难越多，他就越需要多阅读。正像敏感度差的照片底片需要较长时间的曝光一样，学习成绩差的学生的头脑也需要科学之光给予更鲜明、更长久的照耀。不要把所有的失误、失分都归于马虎大意，而是要靠阅读、阅读、再阅读——这一点在‘学习困难的’学生的脑力劳动中起着决定性的作用。阅读不仅能使某些学生免于考试不及格，而且还会发展学生的智力，‘学习困难的’学生读书越多，他的思维就越清晰，他的智慧力量就越活跃。”读到苏霍姆林斯基的这些观点时，我很认同。每当家长问我如何提升学生的成绩时，我总是建议他们让孩子多读书，特别是读一些历史、地理、自然科学类的书。在读书过程中，带给学生的是思维的锻炼，是心智的成熟，是注意力的提升，是良好习惯的养成。但家长总觉得读书所带来的改变是很缓慢的，而考试就摆在面前，所以还是认为不如补课来的直接，效果更显著。脑力劳动中遇到的困难越多，就越需要阅读。阅读开始得越早，读书越多，阅读时思维过程越复杂，智慧力量越活跃，对智力发展就越有

益处，解决困难的能力就越强。谁不善于阅读，谁就不善于思维。不会思维是学困生的致命弱点。

很多家长和学生发现学习跟不上的时候，都希望自己的努力能有立竿见影的成效（分数提升），想到的就是补课。殊不知，教育是一项系统的长期工程，容不得急性子。

五、阅读能减轻学生的学习负担

学习是一种劳动，而且是并不轻松的劳动。学生常常会在从早到晚死啃教科书的过程中感到越学越困难，越学越累。现在的教育也在倡导给孩子“减负”，在“双减”政策下，很多学校和教师都会从作业方面下手，减少作业量，限制每科每天的作业时间。但苏霍姆林斯基认为，要想真正减轻学生的脑力劳动，就应该让他们多阅读，让学生在阅读自己喜欢的书籍中放松自己。他也指出，缺乏阅读能力，将会阻碍和抑制脑的积极细微的连接性纤维的可塑性，使它们不能顺利地保证神经元之间的联系。谁不善阅读，他就不善思维。学生之所以不能掌握知识，是因为他们还没有学会流畅地、有理解地阅读，还没有学会在阅读的同时进行思考。这是一种最可悲的表现。阅读技能不单单是个基本的文化问题，更是学生在课堂上和独立阅读时进行完善的逻辑思维的重要条件之一。在阅读中思考，不仅要思考眼前的东西，还要思考与所读材料有联系的画面、形象、事实和现象，这在应试教育中尤为重要。不仅要读题目材料，还要理解材料，这样才能将材料内容变得可迁移，才能被新的事实所丰富，从而用来解释新的事实，即使将材料中的内容转换成图表、事例并引入相关现象，也不容易失分。

苏霍姆林斯基在《“两套教学大纲”，发展学生思维》中提道：“学生要牢固地识记公式、规则、结论及其他概况，他就必须阅读和思考许多并不需要识记的材料。阅读应当跟学习紧密联系起来。如果通过阅读能深入思考各种事实、现象和事物，它们又是应当保持在记忆里的那些概括的基础，那么，这种阅读就有助于记忆，这种阅读被称为给学习和识记创造必要的智力背景的阅读。从求知、思考和理解的愿望出发而阅读的东西越多，他再去识记那些必须记熟和保持记忆里的材料就越容易。”中小学的知识绝大多数都要在背下来的基础上进行理解应用，很多学生对于“背”非常厌恶，他们“背”得很辛苦，花费了很长时间，但效果并不理想，还容易混淆，头脑中最后只剩一片混乱。阅读可以帮助学生加强记忆。阅读的一切内容，都是学生学习的智力背景。这个背景越丰富，学习起来就越轻松，因为在阅读教材外的这些东西里，有千万个接触点是跟课堂上所学的知识相通的。这些接触点，被称为“记忆的抛锚处”。它们吸引着必修的知识向着人们周围的知识海洋延伸开去。例如，班上有一名学生在学习昆虫生长发育这部分内容时表现很优秀，他给同学们介绍经验时说，他喜欢法布尔的《昆虫记》，里面有非常丰富的昆虫知识，在学到这部分内容时，他一下子就把知识点和书中的内容联系起来了，记忆变得轻而易举。阅读越多，课前的知识基础积累得越深厚，在学习背诵时，就越能从教师的讲授中和知识点中找到与自己知识储备的连接点，从而建立联系。这样的学习记忆就不会乏味，就能实现有效思考，学习就不再是负担，而会变得有趣起来，这不是“补课”所能达到的效果。

六、阅读是各门学科学习的共同需要

阅读的功效不仅仅是丰富学生的文化积淀，提高写作能力，提升语言素养，更是帮助学生点燃思维的火花，发展学生的智力。

快速地、会思考地阅读是学生在课堂和独立读书时进行完善的逻辑思维的最重要的条件之一。比如，班上有名学生挺机灵，数学思维反应快，课堂表现都很优秀，但是一考试，卷面成绩就达不到应有的水平。分析试卷时，可以明显看出一遇到文字比较多的题目，他的错误率就会比较高，遇到叙述比较长的题目时，他就会无从下手。看来，如果一个学生的阅读理解能力不太好，会让他在解决数学问题时遇到重重困难。因此，要开发学生的智力，就必须培养学生的阅读能力。所以，阅读不仅仅是语文学科的事情，它对任何一个学科来说，都是必要的。同样，阅读也不仅仅是语文教师的事情，而是需要各科教师都重视起来。一旦学生的思维版图被打开，就会很自然地建构起事物、知识之间的联系，从而提高学习能力。这远远要比最简单、最直接的教育方式——“补课”更能促进学生的整体发展。

学生会不会阅读，决定着他的智力发展，而智力发展又决定着各门学科的学习成效。因此，要开发学生的智力，就必须培养学生的阅读能力。

对于科学类课程，苏霍姆林斯基说，不经常阅读科学书籍和科普读物，就谈不上对知识的兴趣。科学以前所未有的速度发展着，但又不可能不断地把日新月异的新概念和规律性补充到中学教学大纲里，因此，阅读科学书刊就成为教学过程最重要的组成部分。而有组织地让学习较差的学生阅读科普读物，是教师要关心的一件大事。而且，在与学生相处的过程中，我们会发现很多学生之所以肯学习，就是因为他们有一门最喜爱的学科并且在这门学科上取得了优异的成绩。由于在心爱的学科上能取得优异的成绩，学生就永远不会对自己丧失信心，而这种强大的精神支柱也是学好其他各科的基础。

七、学校和教师是促进学生阅读的强大动力

苏霍姆林斯基认为，学校教育的缺点之一，就是没有那种占据学生的全部理智和心灵的真正的阅读，没有这样的阅读，学生就没有学习的愿望，他们的精神世界就会变得狭窄和贫乏。所以，学校必须让学生学会阅读、喜欢阅读。

一个人终其一生能够读完的书不会超过 2000 本，而其中相当大的一部分是应当在上学的时候读过的。不健康的网络小说，对中学生来说就是毒药，有的学生甚至会陷入小说创造的世界而不能自拔。所以受年龄、视野、

自控能力、辨别能力等因素的制约，学生的读书活动需要有学校和教师的指导和推动，要在阅读内容上作出选择，语文课本后面就有中学生必读的经典推荐书目。如《假如给我三天光明》让学生看到海伦·凯勒在陷入人生困境后如何创造精彩，《名人传》让学生感受到贝多芬在遭遇人生低谷的时候如何扼住命运的咽喉，《红楼梦》让学生认识到繁华富丽的封建家族是如何走向衰落的……阅读这些书籍，会让学生眼界大开。

为了让学生多读书、读好书，北京市昌平区第五学校建了图书室，非常严格地挑选供青少年阅读的书籍，而且各个班级中都有图书馆的书籍目录，建立了定期借阅制度，并在课表中安排了借阅阅读的课程。每个班级都建立了属于自己的“班级藏书柜”。除了学校精选的书籍外，还鼓励学生“益起共享，益起读书”，进行图书交换，既提高了闲置图书的使用效率，又丰富了学生的阅读类型，开拓了视野。学校还定期利用楼道的瓷砖墙面、班级展板等进行阅读成果的展示与交流，让学生将书籍中的内容与自己的思想相结合，表达出自己的个性化理解。

正像苏霍姆林斯基所说的那样，当孩子学习困难时，不要靠补课，也不要靠没完没了的“拉一把”，而要靠阅读、阅读、再阅读。